LES

MILLE ET UN

FANTOMES

PAR

ALEXANDRE DUMAS

II

PARIS
ALEXANDRE CADOT, ÉDITEUR,
32, RUE DE LA HARPE.

1849

LES MILLE ET UN FANTOMES.

Ouvrages du Marquis de Foudras.

EN VENTE,

JACQUES DE BRANCION.
5 vol. in-8.

Les Gentilshommes chasseurs	2 vol.
Les Viveurs d'autrefois	4 vol.
Les Chevaliers du Lansquenet	10 vol.
Lord Algernon	4 vol.
Madame de Miremont	2 vol.
Lilia la Tyrolienne	4 vol.
Tristan de Beauregard	4 vol.
Suzanne d'Estoaville	4 vol.
La comtesse Alvinzi	2 vol.

Sous presse.

Dames de cœur et Dames de pique.
Un Caprice de grande dame.
Le dernier des Roués.
Un Drame en famille.
Un Capitaine de Beauvoisis.
Les Veillées de la Saint Hubert.

Ouvrages de A. de Gondrecourt.

EN VENTE,

Les Péchés mignons	5 vol.
Médine	2 vol.
La Marquise de Candeuil	2 vol.
Un Ami diabolique	3 vol.
Les derniers Kerven	2 vol.

Sous presse.

La Chasse aux diamants.
Le Bout de l'oreille.

Ouvrage d'Alexandre Dumas.

LA COMTESSE DE SALISBURY.
6 volumes in-8.

On vend séparément les derniers volumes pour compléter la première édition.

E. Dépée, imprimeur à Sceaux.

LES

MILLE ET UN
FANTOMES

PAR

ALEXANDRE DUMAS.

II

PARIS
ALEXANDRE CADOT, ÉDITEUR,
32, RUE DE LA HARPE.
—
1849

I

Les Tombeaux de Saint-Denis.

— Eh bien ! qu'est-ce que cela prouve, docteur ? demanda M. Ledru.

— Cela prouve que les organes qui transmettent au cerveau les perceptions qu'ils reçoivent, peuvent se déranger par suite de certaines causes — au point d'offrir à l'esprit un miroir infidèle, et qu'en pareil cas, on voit des objets et on entend des sons qui n'existent pas. Voilà tout.

Cependant, dit le chevalier Lenoir, avec la timidité d'un savant de bonne foi, — cependant il arrive certaines choses qui laissent une trace, certaines prophéties qui ont un accomplissement. Comment expliquerez-vous, docteur, que des coups donnés par des spectres ont pu faire naître des places noires sur le corps de celui qui les a reçus? comment expliquerez-vous qu'une vision ait pu, dix, vingt, trente ans auparavant, révéler l'avenir? Ce qui n'existe pas, peut-il meurtrir ce qui est ou annoncer ce qui sera ?

— Ah ! dit le docteur, vous voulez parler de la vision du roi de Suède.

— Non, je veux parler de ce que j'ai vu moi-même.

— Vous !

— Moi.

— Où cela ?

— A Saint-Denis.

— Quand cela ?

— En 1794, lors de la profanation des tombes.

— Ah oui ! écoutez cela, docteur, dit M. Ledru.

— Quoi, qu'avez-vous vu ? — dites.

— Voici : — en 1793 j'avais été nommé directeur du Musée des monuments français, et, comme tel, je fus présent à l'exhumation des cadavres de l'abbaye de Saint-Denis, dont les patriotes éclairés avaient changé le nom en celui de Franciade. — Je puis, après quarante ans, vous raconter les choses étranges qui ont signalé cette profanation.

La haine que l'on était parvenu à inspirer au peuple pour le roi Louis XVI, et que n'avait pu assouvir l'échafaud du 21 janvier, avait remonté aux rois de sa race : — on voulut poursuivre la monarchie jusqu'à sa source — les monarques jusque dans leur tombe — jeter au vent la cendre de soixante rois.

Puis aussi peut-être eut-on la curiosité de voir si les grands trésors que l'on prétendait enfermés dans quelques-uns de ces tombeaux, s'étaient conservés aussi intacts qu'on le disait.

Le peuple se rua donc sur Saint-Denis.

Du 6 au 8 août, il détruisit cinquante-et-un tombeaux, l'histoire de douze siècles.

Alors le gouvernement résolut de régulariser ce désordre, de fouiller, pour son propre compte, les tombeaux, et d'hériter de la monarchie, qu'il venait de frapper dans Louis XVI, son dernier représentant.

Puis il s'agissait d'anéantir jusqu'au nom, jusqu'au souvenir, jusqu'aux ossements des rois ; il s'agissait de rayer de l'histoire quatorze siècles de monarchie.

Pauvres fous qui ne comprennent pas que les hommes peuvent parfois changer l'avenir… jamais le passé.

On avait préparé dans le cimetière une grande fosse commune sur le modèle des fosses des pauvres. C'est dans cette fosse et sur un lit de chaux que devaient être jetés comme à une voirie, les ossements de ceux qui avaient fait de la France la première des nations, depuis Dagobert jusqu'à Louis XV.

Ainsi, satisfaction était donnée au peuple, mais surtout jouissance était donnée à ces législateurs, à ces avocats, à ces journalistes envieux, oiseaux de proie des révolutions, dont l'œil est blessé par toute splendeur, comme l'œil de leurs frères, les oiseaux de nuit, est blessé par toute lumière.

L'orgueil de ceux qui ne peuvent édifier est de détruire.

Je fus nommé inspecteur des fouilles; c'était pour moi un moyen de sauver une foule de choses précieuses. J'acceptai.

Le samedi 12 octobre, pendant que

l'on instruisait le procès de la reine, je fis ouvrir le caveau des Bourbons du côté des chapelles souterraines, et je commençai par en tirer le cercueil de Henri IV, mort assassiné le 14 mai 1610, âgé de cinquante-sept ans.

Quant à la statue du Pont-Neuf, chef-d'œuvre de Jean de Bologne et de son élève, elle avait été fondue pour en faire des gros sous.

Le corps de Henri IV était merveilleusement conservé ; les traits du visage, parfaitement reconnaissables, étaient bien ceux que l'amour du peuple et le pinceau de Rubens ont consacrés. Quand on le vit sortir le premier de la tombe et paraître au jour dans son suaire, bien conservé comme lui, l'émotion fut grande, et à peine si ce cri de : Vive Henri IV! si populaire en France, ne retentit point instinctivement sous les voûtes de l'église.

Quand je vis ces marques de respect, je dirai même d'amour, je fis mettre le corps tout debout contre une des colonnes du chœur, et là chacun put venir le contempler.

Il était vêtu comme de son vivant, de son pourpoint de velours noir, sur lequel se détachaient ses fraises et ses manchettes blanches; de sa trousse de velours pareil au pourpoint, de bas de soie de même couleur, de souliers de velours.

Ses beaux cheveux grisonnants faisaient toujours une auréole autour de sa tête, sa belle barbe blanche tombait toujours sur sa poitrine.

Alors commença une immense procession comme à la châsse d'un saint : des femmes venaient toucher les mains du bon roi, d'autres baisaient le bas de son manteau, d'autres faisaient mettre leurs enfants à genoux, murmurant tout bas :

— Ah! s'il vivait, le pauvre peuple ne serait pas si malheureux. Et elles eussent pu ajouter : ni si féroce ; car ce qui fait la férocité du peuple, c'est le malheur.

Cette procession dura pendant toute

la journée du samedi 12 octobre, du dimanche 13 et du lundi 14.

Le lundi les fouilles recommencèrent, après le dîner des ouvriers, c'est-à-dire vers trois heures après-midi.

Le premier cadavre qui vit le jour après celui de Henri IV, fut celui de son fils, Louis XIII. Il était bien conservé, et quoique les traits du visage fussent affaissés, on pouvait encore le reconnaître à sa moustache.

Puis vint celui de Louis XIV, reconnaissable à ses grands traits qui ont fait de son visage le masque typique des Bourbons; seulement il était noir comme de l'encre.

Puis, vinrent successivement ceux de Marie de Médicis, deuxième femme de Henri IV ; d'Anne d'Autriche, femme de Louis XIII ; de Marie-Thérèse, infante d'Espagne et femme de Louis XIV ; et du grand dauphin.

Tous ces corps étaient putréfiés. — Seulement celui du grand dauphin était en putréfaction liquide.

Le mardi, 15 octobre, les exhumations continuèrent.

Le cadavre de Henri IV était toujours là debout contre sa colonne, et assistant impassible à ce vaste sacrilége qui s'accomplissait à la fois sur ses prédécesseurs et sur sa descendance.

Le mercredi 16, juste au moment où la reine Marie-Antoinette avait la tête tranchée — sur la place de la Révolution, c'est-à-dire à onze heures du matin — on tirait à son tour du caveau des Bourbons — le cercueil du roi Louis XV.

Il était, selon l'antique coutume du cérémonial de France, couché à l'entrée du caveau où il attendait son successeur qui ne devait pas venir l'y rejoindre. — On le prit, on l'emporta et on l'ouvrit dans le cimetière seulement, et sur les bords de la fosse.

D'abord le corps retiré du cercueil de plomb, et bien enveloppé de linge et de bandelettes, paraissait entier et bien conservé ; mais, dégagé de ce qui l'enveloppait, il n'offrait plus que l'image de la plus hideuse putréfaction, et il s'en échappa une odeur tellement infecte, que chacun s'enfuit, et qu'on fut obligé de brûler plusieurs livres de poudre pour purifier l'air.

On jeta aussitôt dans la fosse ce qui restait du héros du Parc-aux-Cerfs, de l'amant de madame de Châteauroux, de madame de Pompadour et de madame du Barry, et tombé sur un lit de chaux vive, on recouvrit de chaux vive ces immondes reliques.

J'étais resté le dernier pour faire brûler les artifices et jeter la chaux, quand j'entendis un grand bruit dans l'église ; j'y entrai vivement, et j'aperçus un ouvrier qui se débattait au milieu de ses camarades, tandis que les femmes lui montraient le poing et le menaçaient.

Le misérable avait quitté sa triste besogne, pour aller voir un spectacle plus triste encore, l'exécution de Marie-Antoinette ; puis, enivré des cris qu'il avait poussés et entendu pousser, de la vue du sang qu'il avait vu répandre, il était revenu à Saint-Denis, et, s'approchant de Henri IV dressé contre son pilier, et toujours entouré de curieux, et je dirai presque de dévots ;

— De quel droit, lui avait-il dit, restes-tu debout ici, toi, quand on coupe la tête des rois sur la place de la Révolution ?

Et, en même temps, saisissant la barbe de la main gauche, il l'avait arrachée, tandis que de la droite, il donnait un soufflet au cadavre royal.

Le cadavre était tombé à terre en rendant un bruit sec, pareil à celui d'un sac d'ossements qu'on eût laissé tomber.

Aussitôt un grand cri s'était élevé de tous côtés. — A tel autre roi que ce fût, on eût pu risquer un pareil outrage, — mais à Henri IV, au roi du peuple, c'était presque un outrage au peuple.

L'ouvrier sacrilège courait donc le

plus grand risque, lorsque j'accourus à son secours.

Dès qu'il vit qu'il pouvait trouver en moi un appui, il se mit sous ma protection.

Mais, tout en le protégeant, je voulus le laisser sous le poids de l'action infâme qu'il avait commise.

— Mes enfants, dis-je aux ouvriers, laissez ce misérable ; celui qu'il a insulté est en assez bonne position là-haut, pour obtenir de Dieu son châtiment.

Puis, lui ayant repris la barbe qu'il avait arrachée au cadavre, et qu'il tenait toujours de la main gauche, je le chassai de l'église, en lui annonçant qu'il ne faisait plus partie des ouvriers que j'employais.

Les huées et les menaces de ses camarades, le poursuivirent jusque dans la rue.

Craignant de nouveaux outrages à Henri IV, j'ordonnai qu'il fût porté dans la fosse commune; mais, jusque-là, le cadavre fut accompagné de marques de respect. Au lieu d'être jeté, comme les autres, au charnier royal, — il y fut descendu, déposé doucement et couché avec soin à l'un des angles; puis une couche de terre, au lieu d'une couche de chaux, fut pieusement étendue sur lui.

La journée finie, les ouvriers se retirèrent, le gardien seul resta : c'était un brave homme que j'avais placé là, de peur que, la nuit, on ne pénétrât dans l'église, soit pour exécuter de nouvelles mutilations, soit pour opérer de nouveaux vols ; ce gardien dormait le jour et veillait de sept heures du soir à sept heures du matin.

Il passait la nuit debout, et se promenait pour s'échauffer, ou assis près d'un feu allumé, contre un des piliers les plus proches de la porte.

Tout présentait dans la basilique l'image de la mort, et la dévastation rendait cette image de la mort plus terrible encore. Les caveaux étaient ouverts et les dalles dressées contre les murailles ; les statues brisées jonchaient le pavé de l'église ; çà et là, des cercueils éventrés avaient restitué les morts, dont ils croyaient n'avoir à rendre compte qu'au jour du jugement dernier. Tout enfin portait l'esprit de l'homme, si cet esprit était élevé, à la méditation ; s'il était faible, à la terreur.

Heureusement le gardien n'était pas un esprit, mais une matière organisée. Il regardait tous ces débris du même œil qu'il eût regardé une forêt en coupe ou un champ fauché, et n'était préoccupé que de compter les heures de la nuit, voix monotone de l'horloge, seule chose qui fût restée vivante dans la basilique désolée.

Au moment où sonna minuit, et où vibrait le dernier coup du marteau dans les sombres profondeurs de l'église, il entendit de grands cris venant du côté du cimetière. Ces cris étaient des cris d'appel, de longues plaintes, de douloureuses lamentations.

— Après le premier moment de surprise, il s'arma d'une pioche et s'avança vers la porte qui faisait communication entre l'église et le cimetière; mais, cette porte ouverte, reconnaissant parfaitement que ces cris venaient de la fosse des rois, il n'osa aller plus loin, referma la porte, et accourut me réveiller à l'hôtel où je logeais.

Je me refusai d'abord à croire à l'existence de ces clameurs sortant de la fosse royale; mais comme je logeais juste en face de l'église, le gardien ouvrit ma fenêtre, et, au milieu du silence troublé par le seul bruissement de la brise hivernale, je crus effectivement entendre de longues plaintes qui me semblaient n'être pas seulement la lamentation du vent.

Je me levai et j'accompagnai le gardien jusque dans l'église. Arrivé là, et le porche refermé derrière nous, nous entendîmes plus distinctement les plaintes dont il avait parlé. Il était d'autant plus facile de distinguer d'où venaient ces plaintes, que la porte du cimetière, mal fermée par le gardien, s'était rouverte derrière lui. — C'était donc du cimetière effectivement que ces plaintes venaient.

Nous allumâmes deux torches et nous nous acheminâmes vers la porte ; mais trois fois, en approchant de cette porte, le courant d'air qui s'était établi du dehors au dedans, les éteignit. — Je compris que c'était comme ces détroits difficiles à franchir, et qu'une fois étant dans le cimetière, nous n'aurions plus la même lutte à soutenir. — Je fis, outre

nos torches, allumer une lanterne.—
Nos torches s'éteignirent; mais la lanterne persista. — Nous franchîmes le détroit, et, une fois dans le cimetière, nous rallumâmes nos torches que respecta le vent.

Cependant, au fur et à mesure que nous approchions, les clameurs s'en étaient allées mourantes, et, au moment où nous arrivâmes au bord de la fosse, elles étaient à peu près éteintes.

Nous secouâmes nos torches au-dessus de la vaste ouverture, et, au milieu des ossements, sur cette couche de chaux et de terre toute trouée par eux, nous vîmes quelque chose d'informe qui se débattait.

Ce quelque chose ressemblait à un homme.

— Qu'avez-vous et que voulez-vous? demandai-je à cette espèce d'ombre.

— Hélas! murmura-t-elle, je suis le misérable ouvrier qui a donné un soufflet à Henri IV.

— Mais comment es-tu là? demandai-je.

— Tirez-moi d'abord de là, monsieur Lenoir, car je me meurs, et ensuite vous saurez tout.

Du moment que le gardien des morts s'était convaincu qu'il avait affaire à un vivant, la terreur qui d'abord s'était emparée de lui avait disparu, il avait déjà dressé une échelle couchée dans les herbes du cimetière, tenant cette échelle debout et attendant mes ordres.

Je lui ordonnai de descendre l'échelle dans la fosse, et j'invitai l'ouvrier à monter. Il se traîna, en effet, jusqu'à la base de l'échelle; mais, arrivé là, lorsqu'il fallut se dresser debout et monter les échelons, il s'aperçut qu'il avait une jambe et un bras cassés.

Nous lui jetâmes une corde avec un nœud coulant; il passa cette corde sous ses épaules. — Je conservai l'autre extrémité de la corde entre mes mains; le gardien descendit quelques échelons, et grâce à ce double soutien, nous parvînmes à tirer ce vivant de la compagnie des morts.

A peine fut-il hors de la fosse, qu'il s'évanouit.

Nous l'emportâmes près du feu; nous le couchâmes sur un lit de paille : puis j'envoyai le gardien chercher un chirurgien.

Le gardien revint avec un docteur avant que le blessé eût repris connaissance, et ce fut seulement pendant l'opération qu'il ouvrit les yeux.

Le pansement fait, je remerciai le chirurgien, et comme je voulais savoir par quelle étrange circonstance le profanateur se trouvait dans la tombe royale, je renvoyai à son tour le gardien. Celui-ci ne demandait pas mieux que d'aller se coucher après les émotions d'une pareille nuit, et je restai seul près de l'ouvrier. Je m'assis sur une pierre près de la paille où il était couché et en face du foyer dont la flamme tremblante éclairait la partie de l'église où nous étions, laissant toutes les profondeurs dans une obscurité d'autant plus épaisse, que la partie où nous nous trouvions, était dans une plus grande lumière.

J'interrogeai alors le blessé; voici ce qu'il me raconta :

Son renvoi l'avait peu inquiété. — Il avait de l'argent dans sa poche, et jusque-là il avait vu qu'avec de l'argent on ne manquait de rien.

En conséquence il était allé s'établir au cabaret.

Au cabaret, il avait commencé d'entamer une bouteille; mais au troisième verre il avait vu entrer l'hôte.

— Avons-nous bientôt fini? avait demandé celui-ci.

— Et pourquoi cela? avait répondu l'ouvrier.

— Mais parce que j'ai entendu dire que c'était toi qui avais donné un soufflet à Henri IV.

— Eh bien ! oui, c'est moi, dit insolemment l'ouvrier. — Après ?

— Après ? je ne veux pas donner à boire à un méchant coquin comme toi, qui appellera la malédiction sur ma maison.

— Ta maison, — ta maison est la maison de tout le monde, et du moment où l'on paie, — on est chez soi.

— Oui, mais tu ne paieras pas, toi.

— Et pourquoi cela ?

— Parce que je ne veux pas de ton argent. — Or, comme tu ne paieras pas, tu ne seras pas chez toi, — mais chez moi; et comme tu seras chez moi, j'aurai le droit de te mettre à la porte.

— Oui, si tu es le plus fort.

— Si je ne suis pas le plus fort, j'appellerai mes garçons.

— Eh bien ! appelle un peu, que nous voyions.

Le cabaretier avait appelé; trois garçons, prévenus d'avance, étaient entrés à sa voix, chacun avec un bâton à la main, et force avait été à l'ouvrier, si bonne envie qu'il eût de résister, de se retirer sans mot dire.

Alors, il était sorti, avait erré quelque temps par la ville, et, à l'heure du dîner, il était entré chez le gargotier où les ouvriers avaient l'habitude de prendre leurs repas.

Il venait de manger sa soupe quand les ouvriers, qui avaient fini leur journée, entrèrent.

En l'apercevant, ils s'arrêtèrent au seuil, et, appelant l'hôte, lui déclarèrent que si cet homme continuait à prendre ses repas chez lui, ils déserteraient sa maison depuis le premier jusqu'au dernier.

Le gargotier demanda ce qu'avait fait cet homme qui était ainsi en proie à la réprobation générale.

On lui dit que c'était l'homme qui avait donné un soufflet à Henri IV.

— Alors, sors d'ici, dit le gargotier,

en s'avançant vers lui, et puisse ce que tu as mangé te servir de poison !

Il y avait encore moins possibilité de résister chez le gargotier que chez le marchand de vin. — L'ouvrier maudit se leva en menaçant ses camarades, qui s'écartèrent devant lui, non pas à cause des menaces qu'il avait proférées, mais à cause de la profanation qu'il avait commise.

Il sortit la rage dans le cœur, erra une partie de la soirée dans les rues de Saint-Denis, jurant et blasphémant. Puis, vers les dix heures, il s'achemina vers son garni.

Contre l'habitude de la maison, les portes étaient fermées.

Il frappa à la porte.

Le logeur parut à une fenêtre. Comme il faisait nuit sombre, il ne put reconnaître celui qui frappait.

— Qui êtes-vous? demanda-t-il.

L'ouvrier se nomma.

— Ah! dit le logeur, c'est toi qui as donné un soufflet à Henri IV; attends.

— Quoi, que faut-il que j'attende? dit l'ouvrier avec impatience.

En même temps, un paquet tomba à ses pieds.

— Qu'est-ce que cela? demanda l'ouvrier.

— Tout ce qu'il y a à toi ici.

— Comment! tout ce qu'il y a à moi ici.

— Oui, tu peux aller coucher où tu voudras; je n'ai pas envie que ma maison me tombe sur la tête.

L'ouvrier, furieux, prit un pavé et le jeta dans la porte.

— Attends, dit le logeur, je vais réveiller tes compagnons, et nous allons voir.

L'ouvrier comprit qu'il n'avait rien de bon à attendre. Il se retira, et ayant trouvé une porte ouverte à cent pas de là, il entra et se coucha sous un hangar.

Sous ce hangar, il y avait de la paille;

il se coucha sur cette paille et s'endormit.

A minuit moins un quart, il lui sembla que quelqu'un lui touchait sur l'épaule.

Il se réveilla, et vit devant lui une forme blanche ayant l'aspect d'une femme, et qui lui faisait signe de le suivre.

Il crut que c'était une de ces malheureuses qui ont toujours un gîte et du plaisir à offrir à qui peut payer le gîte et le plaisir, et, comme il avait de l'argent, comme il préférait passer la nuit à couvert et couché dans un lit, à la passer dans un hangar et couché sur la paille, il se leva et suivit la femme.

La femme longea un instant les maisons du côté gauche de la Grande-Rue, puis elle traversa la rue, prit une ruelle à droite, faisant toujours signe à l'ouvrier de la suivre.

Celui-ci, habitué à ce manége nocturne, connaissant par expérience les ruelles où se logent ordinairement les femmes du genre de celle qu'il suivait, ne fit aucune difficulté et s'engagea dans la ruelle.

La ruelle aboutissait aux champs; il crut que cette femme habitait une maison isolée, et la suivit encore.

Au bout de cent pas, ils traversèrent une brèche; mais tout-à-coup, ayant levé les yeux, il aperçut devant lui la vieille abbaye de Saint-Denis, avec son clocher gigantesque et ses fenêtres légèrement teintées par le feu intérieur, près duquel veillait le gardien.

Il chercha des yeux la femme; elle avait disparu.

Il était dans le cimetière.

Il voulut repasser par la brèche.

Mais sur cette brèche, sombre, menaçant, le bras tendu vers lui, il lui sembla voir le spectre de Henri IV.

Le spectre fit un pas en avant, et l'ouvrier un pas en arrière.

Au quatrième ou cinquième pas, la terre manqua sous ses pieds, et il tomba à la renverse dans la fosse.

Alors il lui sembla voir se dresser autour de lui tous ces rois, prédécesseurs et descendants de Henri IV; — alors il lui sembla qu'ils levaient sur lui les uns leurs sceptres, les autres leurs mains de justice, en criant malheur au sacrilège. Alors il lui sembla qu'au contact de ces mains de justice et de ces sceptres pesants comme du plomb, brûlants comme du feu, il sentait l'un après l'autre ses membres brisés.

C'est en ce moment que minuit sonnait et que le gardien entendait les plaintes.

Je fis ce que je pus pour rassurer ce malheureux; mais sa raison était égarée, et, après un délire de trois jours, il mourut en criant : grâce !

— Pardon, dit le docteur, mais je ne comprends point parfaitement la conséquence de votre récit. L'accident de votre ouvrier prouve que, la tête préoccupée de ce qui lui était arrivé dans la journée, soit en état de veille, soit en état de somnambulisme, — il s'est mis à errer la nuit, qu'en errant, il est entré dans le cimetière, et que tandis qu'il regardait en l'air, au lieu de regarder à ses pieds, il est tombé dans la fosse où naturellement il s'est, dans sa chute, cassé un bras et une jambe. Or, vous avez parlé d'une prédiction qui s'est réalisée, et je ne vois pas dans tout ceci la plus petite prédiction.

— Attendez, docteur, dit le chevalier, l'histoire que je viens de raconter et qui, vous avez raison — n'est qu'un fait—mène tout droit à cette prédiction que je vais vous dire, et qui est un mystère.

Cette prédiction, la voici :

Vers le 20 janvier 1794, après la démolition du tombeau de François Ier, on ouvrit le sépulcre de la comtesse de Flandre, fille de Philippe-le-Long.

Ces deux tombeaux étaient les derniers qui restaient à fouiller, tous les caveaux étaient effondrés, tous les sépulcres étaient vides, tous les ossements étaient au charnier.

Une dernière sépulture était restée inconnue, c'était celle du cardinal de Retz.

— qui, disait-on, avait été enterré à Saint-Denis.

Tous les caveaux avaient été refermés ou à peu près, caveau des Valois, et caveau des Charles.

Il ne restait que le caveau des Bourbons que l'on devait fermer le lendemain.

Le gardien passait sa dernière nuit

dans cette église où il n'y avait plus rien à garder, permission lui avait donc été donnée de dormir, et il profitait de la permission.

A minuit il fut réveillé par le bruit de l'orgue et des chants religieux.

Il se réveilla, se frotta les yeux et tourna la tête vers le chœur, c'est-à-dire du côté où venaient les chants.

Alors il vit avec étonnement les stalles du chœur garnies par les religieux de Saint-Denis; il vit un archevêque officiant à l'autel; il vit la chapelle ardente allumée; et, sous la chapelle ardente allumée, le grand drap d'or mortuaire qui, d'habitude, ne recouvre que le corps des rois.

Au moment où il se réveillait, la messe était finie et le cérémonial de l'enterrement commençait.

Le sceptre, la couronne et la main de justice posés sur un coussin de velours rouge, étaient remis aux hérauts, qui les présentèrent à trois princes, lesquels les prirent.

Aussitôt s'avancèrent, plutôt glissant que marchant, et sans que le bruit de leurs pas éveillât le moindre écho dans la salle, les gentilshommes de la chambre qui prirent le corps et qui le portèrent dans le caveau des Bourbons, resté seul ouvert, tandis que tous les autres étaient refermés.

Alors le roi d'armes y descendit, et lorsqu'il y fut descendu, il cria aux autres hérauts d'avoir à y venir faire leur office.

Le roi d'armes et les hérauts étaient au nombre de cinq.

Du fond du caveau, le roi d'armes appela le premier héraut, qui descendit, portant les éperons.

Puis le second, qui descendit, portant les gantelets.

Puis le troisième, qui descendit, portant l'écu.

Puis le quatrième, qui descendit, portant l'armet timbré.

Puis le cinquième, qui descendit, portant la cote d'armes.

Ensuite il appela le premier valet tranchant, qui apporta la bannière.

Les capitaines des suisses, des archers de la garde et des deux cents gentilshommes de la maison.

Le grand écuyer, qui apporta l'épée royale.

Le premier chambellan, qui apporta la bannière de France.

Le grand-maître, devant lequel tous les maîtres d'hôtel passèrent, jetant leurs bâtons blancs dans le caveau et saluant les trois princes porteurs de la couronne, du sceptre et de la main de justice, au fur et à mesure qu'ils défilaient.

Les trois-princes, qui apportèrent à leur tour sceptre, main de justice et couronne.

Alors le roi d'armes cria à voix haute et par trois fois :

Le roi est mort ; vive le roi !

Le roi est mort ; vive le roi !

Le roi est mort ; vive le roi !

Un héraut, qui était resté dans le chœur, répéta le triple cri.

Enfin, le grand-maître brisa sa baguette en signe que la maison royale était rompue, et que les officiers du roi pouvaient se pourvoir.

Aussitôt les trompettes retentirent et l'orgue s'éveilla.

Puis, tandis que les trompettes sonnaient toujours plus faiblement, tandis que l'orgue gémissait de plus en plus bas, les lumières des cierges pâlirent, les corps des assistants s'effacèrent, et, au dernier gémissement de l'orgue, au dernier son de la trompette, — tout disparut.

Le lendemain, le gardien, tout en larmes, raconta l'enterrement royal qu'il avait vu, et auquel lui, pauvre homme, assistait seul, prédisant que ces tombeaux mutilés seraient remis en place et que, malgré les décrets de la Convention et l'œuvre de la guillotine, la France reverrait une nouvelle monarchie et Saint-Denis de nouveaux rois.

Cette prédiction valut la prison et presque l'échafaud au pauvre diable, qui, trente ans plus tard, c'est-à-dire le 20 septembre 1824, derrière la même colonne où il avait eu sa vision, me disait en me tirant par la basque de mon habit :

— Eh bien! monsieur Lenoir, quand je vous disais que nos pauvres rois reviendraient un jour à Saint-Denis, — m'étais-je trompé?

En effet, ce jour-là on enterrait

Louis XVIII avec le même cérémonial que le gardien des tombeaux avait vu pratiquer trente ans auparavant.

— Expliquez celle-là, docteur.

II

L'Artifaille.

Soit qu'il fût convaincu, soit, ce qui est plus probable, que la négation lui parût difficile vis-à-vis d'un homme comme le chevalier Lenoir, le docteur se tut.

Le silence du docteur laissait le champ

libre aux commentateurs ; l'abbé Moulle s'élança dans l'arène.

— Tout ceci me confirme dans mon système, dit-il.

— Et quel est votre système ? demanda le docteur, enchanté de reprendre la polémique avec de moins rudes joûteurs que M. Ledru et le chevalier Lenoir.

— Que nous vivons entre deux mondes invisibles, peuplés l'un d'esprits infernaux, l'autre d'esprits célestes ; qu'à l'heure de notre naissance, deux génies, l'un bon, l'autre mauvais, viennent prendre place à nos côtés, nous accompagnent toute notre vie, l'un nous soufflant le bien, l'autre le mal, et qu'à l'heure de notre mort celui qui triomphe s'empare de nous ; ainsi notre corps devient, ou la proie d'un démon ou la demeure d'un ange; chez la pauvre Solange, le bon génie avait triomphé, et c'était lui qui vous disait adieu, Ledru, par les lèvres muettes de la jeune martyre ; chez le brigand condamné par le juge écossais, c'était le démon qui était resté maître de la place, et c'est lui qui venait successivement au juge sous la forme d'un chat, dans l'habit d'un huissier, avec l'apparence d'un squelette ; enfin, dans le dernier cas, c'est l'ange de la monarchie, qui a vengé sur le sacrilège la terrible profanation des tombeaux, et qui, comme le Christ, se manisfestant aux humbles, a montré la restauration future de la royauté à un pauvre gardien de tombeaux, et cela avec autant de pompe que si la cérémonie fantastique avait eu pour témoins tous les futurs dignitaires de la cour de Louis XVIII.

— Mais enfin, Monsieur l'abbé, dit le docteur, tout système est fondé sur une conviction.

— Sans doute.

— Mais cette conviction, pour qu'elle soit réelle, il faut qu'elle repose sur un fait.

— C'est aussi sur un fait que la mienne repose.

— Sur un fait qui vous a été raconté par quelqu'un en qui vous avez toute confiance.

— Sur un fait qui m'est arrivé à moi-même.

— Ah! l'abbé; voyons le fait.

— Volontiers. Je suis né sur cette partie de l'héritage des anciens rois, qu'on appelle aujourd'hui le département de l'Aisne, et qu'on appelait autrefois l'Ile-de-France; mon père et ma mère habitaient un petit village situé au milieu de la forêt de Villers-Cotterets, et qu'on appelle Fleury. Avant ma naissance, mes parents avaient déjà eu cinq enfants, trois garçons et deux filles, qui tous étaient morts. Il en résulta que lorsque ma mère se vit enceinte de moi, elle me voua au blanc jusqu'à l'âge de sept ans, et mon père promit un pèlerinage à Notre-Dame-de-Liesse.

Ces deux vœux ne sont point rares en province, et ils avaient entre eux une relation directe, puisque le blanc est la couleur de la Vierge, et que Notre-Dame-de-Liesse n'est autre que la vierge Marie.

Malheureusement mon père mourut pendant la grossesse de ma mère; mais ma mère, qui était une femme pieuse, ne résolut pas moins d'accomplir le double vœu dans toute sa rigueur : aussitôt ma naissance, je fus habillé de blanc des pieds à la tête, et aussitôt qu'elle put marcher, ma mère entreprit à pied, comme il avait été voté, le pèlerinage sacré.

Notre-Dame-de-Liesse heureusement n'était située qu'à quinze ou seize lieues du village de Fleury; en trois étapes ma mère fut rendue à destination.

Là, elle fit ses dévotions et reçut des mains du curé une médaille d'argent qu'elle m'attacha au cou.

Grâce à ce double vœu, je fus exempt de tous les accidents de la jeunesse, et, lorsque j'eus atteint l'âge de raison, soit résultat de l'éducation religieuse que j'avais reçue, soit influence de la médaille, je me sentis entraîné vers l'état ecclésiastique; ayant fait mes études au séminaire de Soissons, j'en sortis prêtre en 1780, et fus envoyé vicaire à Étampes.

Le hasard fit que je fus attaché à celle des quatre églises d'Étampes, qui est sous l'invocation de Notre-Dame.

Cette église est un des merveilleux monuments que l'époque romane a légués au moyen-âge. Fondée par Robert-le-Fort, elle fut achevée au XIIe siècle seulement; elle a encore aujourd'hui des vitraux admirables qui, lors de son édification récente, devaient admirablement s'harmonier avec la peinture et la dorure qui couvraient ses colonnes et en enrichissaient les chapitaux.

Tout enfant, j'avais fort aimé ces merveilleuses efflorescences de granit que la foi a fait sortir de terre du Xe au XVIe siècle, pour couvrir le sol de la France, cette fille aînée de Rome, d'une forêt d'églises, et qui s'arrêta quand la foi mourut dans les cœurs, tuée par le poison de Luther et de Calvin.

J'avais joué, tout enfant, dans les ruines de Saint-Jean de Soissons; — j'avais réjoui mes yeux aux fantaisies de toutes ces moulures, qui semblent des fleurs pétrifiées; de sorte que, lorsque je vis Notre-Dame d'Étampes, je fus heureux que le hasard, ou plutôt la Providence, m'eût donné, hirondelle, un semblable nid, — alcyon, un pareil vaisseau.

Aussi mes moments heureux étaient ceux que je passais dans l'église. Je ne veux pas dire que ce fût un sentiment purement religieux qui m'y retînt ; non, c'était un sentiment de bien-être qui peut se comparer à celui de l'oiseau que l'on tire de la machine pneumatique où l'on a commencé à faire le vide, pour le rendre à l'espace et à la liberté. Mon espace à moi, c'était celui qui s'étendait du portail à l'abside ; ma liberté, c'était de rêver pendant deux heures à genoux sur une tombe ou accoudé à une colonne.

— A quoi rêvais-je? ce n'était certainement pas à quelque argutie théologique; non, c'était à cette lutte éternelle du bien et du mal, qui tiraille l'homme depuis le jour du péché; c'était à ces beaux anges aux ailes blanches, à ces hideux démons aux faces rouges, qui, à chaque rayon de soleil, étincelaient sur les vitraux, les uns resplendissants du feu céleste, les autres flamboyants aux flammes de l'enfer. Notre-Dame enfin, c'était ma demeure : — là je vivais, je pensais, je priais. La petite maison presbytérienne qu'on m'avait donnée, n'était que mon pied-à-terre, j'y mangeais et j'y couchais, voilà tout.

Encore souvent ne quittais-je ma belle Notre-Dame qu'à minuit ou une heure du matin.

On savait cela. — Quand je n'étais pas au presbytère, j'étais à Notre-Dame. — On venait m'y chercher et l'on m'y trouvait.

Des bruits du monde, bien peu parvenaient jusqu'à moi, renfermé comme je l'étais dans ce sanctuaire de religion et surtout de poésie.

Cependant parmi ces bruits, il y en avait un qui intéressait tout le monde, petits et grands, clercs et laïques. Les environs d'Étampes étaient désolés par les exploits d'un successeur ou plutôt d'un rival de Cartouche et de Poulailler, qui, pour l'audace, paraissait devoir suivre les traces de ses prédécesseurs. Ce bandit, qui s'attaquait à tout, mais particulièrement aux églises, avait nom : l'Artifaille.

Une chose qui me fit donner une attention plus particulière aux exploits de ce brigand, c'est que sa femme, qui demeurait dans la ville basse d'Étampes, était une de mes pénitentes les plus assidues. Brave et digne femme, pour qui le crime dans lequel était tombé son mari, était un remords, et qui, se croyant responsable devant Dieu comme épouse, passait sa vie en prières et en confession, espérant, par ses œuvres saintes, atténuer l'impiété de son mari.

Quant à lui, je viens de vous le dire, c'était un bandit ne craignant ni Dieu, ni diable, prétendant que la société était mal faite, et qu'il était envoyé sur la terre pour la corriger ; que, grâce à lui, l'équilibre se rétablirait dans les fortunes, et qu'il n'était que le précurseur d'une secte que l'on verrait apparaître un jour, et qui prêcherait ce que, lui, mettait en pratique, c'est-à-dire la communauté des biens.

Vingt fois, il avait été pris et conduit en prison ; mais, presque toujours, à la deuxième ou troisième nuit, on avait trouvé la prison vide ; comme on ne savait de quelle façon se rendre compte de ces évasions, on disait qu'il avait trouvé l'herbe qui coupe le fer.

Il y avait donc un certain merveilleux qui s'attachait à cet homme.

Quant à moi, je n'y songeais, je l'avoue, que quand sa pauvre femme venait se confesser à moi, m'avouant ses terreurs et me demandant mes conseils.

Alors vous le comprenez, je lui conseillais d'employer toute son influence sur son mari pour le ramener dans la bonne voie. Mais l'influence de la pauvre femme était bien faible. Il lui restait donc cet éternel recours en grâce que la prière ouvre devant le Seigneur.

Les fêtes de Pâques de l'année 1785 approchaient. C'était dans la nuit du jeudi au vendredi saint. J'avais, dans la journée du jeudi, entendu grand nombre de confessions, et vers huit heures du soir, je m'étais trouvé tellement fatigué, que je m'étais endormi dans le confessionnal.

Le sacristain m'avait vu endormi; mais, connaissant mes habitudes, et sachant que j'avais sur moi une clé de la petite porte de l'église, il n'avait pas même songé à m'éveiller : ce qui m'arrivait ce soir-là, m'était arrivé cent fois.

Je dormais donc, lorsqu'au milieu de mon sommeil, je sentis résonner comme un double bruit.

L'un était la vibration du marteau de bronze sonnant minuit.

L'autre était le froissement d'un pas sur la dalle.

J'ouvris les yeux et je m'apprêtais à sortir du confessionnal, quand, dans le rayon de lumière jeté par la lune à travers les vitraux d'une des fenêtres, il me sembla voir passer un homme.

Comme cet homme marchait avec précaution, regardant autour de lui à chaque pas qu'il faisait, je compris que ce n'était ni un des assistants, ni le bedeau, ni le chantre, ni aucun des habitués de l'église, mais quelqu'intrus se trouvant là en mauvaise intention.

Le visiteur nocturne s'achemina vers le chœur. Arrivé là, il s'arrêta, et au bout d'un instant j'entendis le coup sec du fer sur une pierre à feu; je vis pétiller une étincelle, un morceau d'amadou s'enflamma, et une allumette alla fixer sa lumière errante à l'extrémité d'un cierge posé sur l'autel.

A la lueur de ce cierge, je pus voir alors un homme de taille médiocre, portant à la ceinture deux pistolets et un poignard, à la figure railleuse plutôt que terrible, et qui, jetant un regard investigateur dans toute l'étendue de la circonférence éclairée par le cierge, parut complètement rassuré par cet examen.

En conséquence, il tira de sa poche, non pas un trousseau de clés, mais un trousseau de ces instruments destinés à les remplacer, et que l'on appelle rossignols, — du nom sans doute de ce fameux Rossignol, qui se vantait d'avoir la clé de tous les chiffres. — A l'aide d'un de ces instruments, il ouvrit le tabernacle, en tirant d'abord le saint-ciboire, magnifique coupe de vieil argent, ciselée sous Henri II, puis un ostensoir massif qui avait été donné à la ville par la reine Marie-Antoinette, puis enfin deux burettes de vermeil.

Comme c'était tout ce que renfermait le tabernacle, il le referma avec soin et se mit à genoux pour ouvrir le dessous de l'autel qui faisait châsse.

Le dessous de l'autel renfermait une Notre-Dame en cire couronnée d'une couronne d'or et de diamans, et couverte d'une robe toute brodée de pierreries.

Au bout de cinq minutes, la châsse dont, au reste, le voleur eût pu briser les parois de glace, était ouverte, comme le tabernacle, à l'aide d'une fausse clé, et il s'apprêtait à joindre la robe et la couronne à l'ostensoir, aux burettes et au saint-ciboire, lorsque, ne voulant pas qu'un pareil vol s'accomplît, je sortis du confessionnal et m'avançai vers l'autel.

Le bruit que je produisis en ouvrant la porte fit retourner le voleur. Il se pencha de mon côté, et essaya de plonger son regard dans les lointaines obscurités de l'église ; mais le confessionnal était hors de la portée de la lumière, de sorte qu'il ne me vit réellement que lorsque j'entrai dans le cercle éclairé par la flamme tremblotante du cierge.

En apercevant un homme, le voleur s'appuya contre l'autel, tira un pistolet de sa ceinture et le dirigea vers moi.

Mais à ma longue robe noire, il put

bientôt voir que je n'étais qu'un simple prêtre inoffensif, et n'ayant pour toute sauve-garde que la foi, pour toute arme que la parole.

Malgré la menace du pistolet dirigé contre moi, j'avançai jusqu'aux marches de l'autel. Je sentais que s'il tirait sur moi, ou le pistolet raterait, ou la balle dévierait; j'avais la main à ma médaille, et je me sentais tout entier couvert du saint amour de Notre-Dame.

Cette tranquillité du pauvre vicaire parut émouvoir le bandit.

— Que voulez-vous! me dit-il d'une voix qu'il s'efforçait de rendre assurée.

— Vous êtes l'Artifaille? lui dis-je.

— Parbleu, répondit-il, qui donc oserait, si ce n'était moi, pénétrer seul dans une église, comme je le fais?

— Pauvre pécheur endurci qui tires orgueil de ton crime, lui dis-je, ne comprends-tu pas qu'à ce jeu que tu joues, tu perds non-seulement ton corps, mais encore ton âme?

— Bah! dit-il, quant à mon corps, je l'ai sauvé déjà tant de fois, que j'ai bonne espérance de le sauver encore, et quant à mon âme...

— Eh bien! quant à ton âme!

— Cela regarde ma femme : elle est sainte pour deux et elle sauvera mon âme en même temps que la sienne.

— Vous avez raison, votre femme est une sainte femme, mon ami, et elle mourrait certainement de douleur, si elle apprenait que vous eussiez accompli le crime que vous étiez en train d'exécuter.

— Oh! oh! vous croyez qu'elle mourra de douleur, ma pauvre femme!

— J'en suis sûr.

— Tiens! je vais donc être veuf, continua le brigand, en éclatant de rire et étendant les mains vers les vases sacrés.

Mais je montai les trois marches de l'autel et lui arrêtai le bras.

— Non, lui dis-je, car vous ne commettrez pas ce sacrilège.

— Et qui m'en empêchera?

— Moi.

— Par la force?

— Non, par la persuasion. Dieu n'a pas envoyé ses ministres sur la terre pour qu'ils usassent de la force, qui est une chose humaine, mais de la persuasion, qui est une vertu céleste. Mon ami, ce n'est pas pour l'église, qui peut se procurer d'autres vases, mais pour vous, qui ne pourrez pas racheter votre péché; mon ami, vous ne commettrez pas ce sacrilége.

— Ah çà mais! vous croyez donc que c'est le premier, mon brave homme?

— Non, je sais que c'est le dixième, le

vingtième, le trentième peut-être, mais qu'importe? Jusqu'ici vos yeux étaient fermés, vos yeux s'ouvriront ce soir, voilà tout. N'avez-vous pas entendu dire qu'il y avait un homme nommé Saül qui gardait les manteaux de ceux qui lapidaient saint Étienne? Eh bien! cet homme, il avait les yeux couverts d'écailles, comme il le dit lui-même; un jour les écailles tombèrent de ses yeux; il vit, et ce fut saint Paul.

— Dites-moi donc, Monsieur l'abbé, saint Paul n'a-t-il pas été pendu?

— Oui.

— Eh bien! à quoi cela lui a-t-il servi de voir?

— Cela lui a servi à être convaincu que parfois le salut est dans le supplice. Aujourd'hui saint Paul a laissé un nom vénéré sur la terre et jouit de la béatitude éternelle dans le ciel.

— A quel âge est-il arrivé à saint Paul de voir ?

— A trente-cinq ans.

— J'ai passé l'âge, j'en ai quarante.

— Il est toujours temps de se repentir.

— Sur la croix, Jésus disait au mauvais larron : Un mot de prière, et je te sauve.

— Ah çà ! tu tiens donc à ton argenterie ? dit le bandit en me regardant.

— Non. Je tiens à ton âme, que je veux sauver.

— A mon âme! — Tu me feras accroire cela; tu t'en moques pas mal.

— Veux-tu que je te prouve que c'est à ton âme que je tiens? — lui dis-je.

— Oui, donne-moi cette preuve, — tu me feras plaisir.

— A combien estimes-tu le vol que tu vas commettre cette nuit?

— Eh! eh! fit le brigand en regardant les burettes, le calice, l'ostensoir et la robe de la Vierge avec complaisance, à mille écus.

— A mille écus?

— Je sais bien que cela vaut le double; mais il faudra perdre au moins les deux tiers dessus ; ces diables de juifs sont si voleurs !

— Viens chez moi.

— Chez toi ?

— Oui, chez moi, au presbytère. J'ai une somme de mille francs, je te la donnerai à-compte.

— Et les deux autres mille ?

— Les deux autres mille ? eh bien ! je te promets, foi de prêtre, que j'irai dans mon pays ; ma mère a quelque bien, je vendrai trois ou quatre arpents de terre pour faire les deux autres mille francs, et je te les donnerai.

— Oui, pour que tu me donnes un

rendez-vous et que tu me fasses tomber dans quelque piège ?

— Tu ne crois pas ce que tu dis là, fis-je en étendant la main vers lui.

— Eh bien ! c'est vrai, je n'y crois pas, — dit-il d'un air sombre. — Mais ta mère, elle est donc riche ?

— Ma mère est pauvre.

— Elle sera ruinée, alors ?

— Quand je lui aurai dit qu'au prix de sa ruine j'ai sauvé une âme, elle me bénira. D'ailleurs, si elle n'a plus rien, elle viendra demeurer avec moi, et j'aurai toujours pour deux.

— J'accepte, dit-il ; allons chez toi.

— Soit, — mais attends.

— Quoi ?

— Renferme dans le tabernacle les objets que tu y as pris, — referme-le à clé, cela te portera bonheur.

Le sourcil du bandit se fronça comme celui d'un homme que la foi envahit malgré lui : il replaça les vases sacrés dans le tabernacle et le referma.

— Viens, dit-il.

— Fais d'abord le signe de la croix, lui dis-je.

Il essaya de jeter un rire moqueur, mais le rire commencé s'interrompit de lui-même.

Puis il fit le signe de la croix.

— Maintenant, suis-moi, lui dis-je.

Nous sortîmes par la petite porte; — en moins de cinq minutes nous fûmes chez moi.

Pendant le chemin, si court qu'il fût, le bandit avait paru fort inquiet, regardant autour de lui et craignant que je ne voulusse le faire tomber dans quelque embuscade.

Arrivé chez moi, il se tint près de la porte.

— Eh bien!. ces mille francs? demanda-t-il.

— Attends, répondis-je.

J'allumai une bougie à mon feu mourant; j'ouvris une armoire, j'en tirai un sac.

— Les voilà, lui dis-je.

Et je lui donnai le sac.

— Maintenant les deux autres mille, quand les aurai-je ?

— Je te demande six semaines.

— C'est bien, je te donne six semaines.

— A qui les remettrai-je ?

Le bandit réfléchit un instant.

— A ma femme, dit-il.

— C'est bien !

— Mais elle ne saura pas d'où ils viennent ni comment je les ai gagnés ?

— Elle ne le saura pas, ni elle ni personne. Et jamais, à ton tour, tu ne tenteras rien ni contre Notre-Dame-d'Étampes ni contre toute autre église sous l'invocation de la Vierge ?

— Jamais !

— Sur ta parole ?

— Foi de l'Artifaille.

— Va, mon frère, et ne pèche plus.

Je le saluai en lui faisant signe de la main qu'il était libre de se retirer.

Il parut hésiter un moment ; puis, ouvrant la porte avec précaution, il disparut.

Je me mis à genoux... et je priai pour cet homme.

Je n'avais pas fini ma prière que j'entendis frapper à la porte.

— Entrez, dis-je sans me retourner.

Quelqu'un effectivement me voyant en prière s'arrêta en entrant et se tint debout derrière moi.

Lorsque j'eus achevé mon oraison, je me retournai, et je vis l'Artifaille immobile et droit près de la porte, ayant son sac sous son bras.

— Tiens, me dit-il, je te rapporte tes mille francs.

— Mes mille francs?

— Oui, et je te tiens quitte des deux mille autres.

— Et cependant la promesse que tu m'as faite, subsiste?

— Parbleu!

— Tu te repens donc?

— Je ne sais pas si je me repens, oui ou non, mais je ne veux pas de ton argent, voilà tout.

Et il posa le sac sur le rebord du buffet.

Puis, le sac déposé, il s'arrêta comme pour demander quelque chose; mais cette demande, on le sentait, avait peine à sortir de ses lèvres.

— Que désirez-vous? lui demandai-je. Parlez, mon ami. Ce que vous venez de faire est bien; n'ayez pas honte de faire mieux.

— Tu as une grande dévotion à Notre-Dame? me demanda-t-il.

— Une grande.

— Et tu crois que, par son intercession, un homme, si coupable qu'il soit, peut être sauvé à l'heure de la mort? Eh bien! en échange de tes trois mille francs, dont je te tiens quitte, donne-moi quelque relique, quelque chapelet, quelque reliquaire que je puisse baiser à l'heure de ma mort.

Je détachai la médaille et la chaîne d'or que ma mère m'avait passées au cou le jour de ma naissance, qui ne m'avaient jamais quitté depuis, et je les donnai au brigand.

Le brigand posa ses lèvres sur la médaille — et s'enfuit.

Un an s'écoula sans que j'entendisse parler de l'Artifaille; sans doute il avait quitté Etampes pour aller exercer ailleurs.

Sur ces entrefaites, je reçus une lettre de mon confrère, le vicaire de Fleury. Ma bonne mère était bien malade et m'appelait près d'elle. J'obtins un congé et je partis.

Six semaines ou deux mois de bons soins et de prières rendirent la santé à ma mère. Nous nous quittâmes, moi joyeux, elle bien portante, et je revins à Etampes.

J'arrivai un vendredi soir; toute la ville était en émoi. Le fameux voleur l'Artifaille s'était fait prendre du côté d'Orléans, avait été jugé au présidial de cette ville, qui, après condamnation, l'avait envoyé à Etampes pour être pendu, le canton d'Etampes ayant été principalement le théâtre de ses méfaits.

L'exécution avait lieu le matin même.

Voilà ce que j'appris dans la rue; — mais, en entrant au presbytère, j'appris autre chose encore : c'est qu'une femme de la ville basse était venue depuis la veille au matin, c'est-à-dire depuis le moment où l'Artifaille était arrivé à Etampes pour y subir son supplice, était venue s'informer plus de dix fois si j'étais de retour.

Cette insistance n'était pas étonnante. J'avais écrit pour annoncer ma prochaine arrivée, et j'étais attendu d'un moment à l'autre.

Je ne connaissais dans la ville basse que la pauvre femme qui allait devenir veuve. Je résolus d'aller chez elle avant d'avoir même secoué la poussière de mes pieds.

Du presbytère à la ville basse, il n'y avait qu'un pas. — Dix heures du soir sonnaient, il est vrai; mais je pensais que, puisque le désir de me voir était si ardent, la pauvre femme ne serait pas dérangée par ma visite.

Je descendis donc au faubourg et me fis indiquer sa maison. — Comme tout le monde la connaissait pour une sainte, nul ne lui faisait un crime du crime de son mari, nul ne lui faisait une honte de sa honte.

J'arrivai à la porte. Le volet était ouvert, et par le carreau de vitre, je pus voir la pauvre femme au pied du lit, agenouillée et priant.

Au mouvement de ses épaules, on pouvait deviner qu'elle sanglotait en priant.

Je frappai à la porte.

Elle se leva et vint vivement ouvrir.

— Ah! Monsieur l'abbé! s'écria-t-elle, je vous devinais. Quand on a frappé, j'ai compris que c'était vous. Hélas! hélas! vous arrivez trop tard : mon mari est mort sans confession.

— Est-il donc mort dans de mauvais sentiments?

— Non; bien au contraire, je suis sûre qu'il était chrétien au fond du cœur; mais il avait déclaré qu'il ne voulait pas d'autre prêtre que vous, qu'il ne se confesserait qu'à vous, et que, s'il ne se confessait pas à vous, il ne se confesserait à personne qu'à Notre-Dame.

— Il vous a dit cela?

— Oui, et, tout en le disant, il baisait une médaille de la Vierge pendue à son cou avec une chaîne d'or, recommandant par-dessus toute chose qu'on ne lui ôtât point cette médaille, et affirmant que si on parvenait à l'ensevelir avec cette médaille, le mauvais esprit n'aurait aucune prise sur son corps.

— Est-ce tout ce qu'il a dit?

— Non. En me quittant pour marcher à l'échafaud, il m'a dit encore que vous arriveriez ce soir, que vous viendriez me voir sitôt votre arrivée; voilà pourquoi je vous attendais.

— Il vous a dit cela? fis-je avec étonnement.

— Oui; et puis encore il m'a chargée d'une dernière prière.

Pour moi?

— Pour vous. — Il a dit qu'à quelqu'heure que vous veniez, — je vous priasse..... Mon Dieu! je n'oserai jamais vous dire une pareille chose.

— Dites, ma bonne femme, dites.

— Eh bien! que je vous priasse d'aller à la Justice *, et là, sous son corps, de dire, au profit de son âme, cinq *pater* et cinq *ave*. — Il a dit que vous ne me refuseriez pas, Monsieur l'abbé.

— Et il a eu raison, car je vais y aller.

— Oh! que vous êtes bon!

Elle me prit les mains, et voulut me les baiser.

Je me dégageai.

— Allons, ma bonne femme, lui dis-je, du courage.

* On appelait ainsi l'endroit où l'on pendait les voleurs et les assassins.

— Dieu m'en donne, Monsieur l'abbé, je ne m'en plains pas.

— Il n'a rien demandé autre chose?

— Non.

— C'est bien! S'il ne lui faut que ce désir accompli pour le repos de son âme, son âme sera en repos.

Je sortis.

Il était dix heures et demie à peu près.

— C'était dans les derniers jours d'avril, la bise était encore fraîche. Cependant le ciel était beau, — beau pour un peintre surtout, car la lune roulait dans une mer de vagues sombres qui donnaient un grand caractère à l'horizon.

Je tournai autour des vieilles murailles

de la ville, et j'arrivai à la porte de Paris.

— Passé onze heures du soir, c'était la seule porte d'Etampes qui restât ouverte.

Le but de mon excursion était sur une esplanade, qui aujourd'hui comme alors domine toute la ville. Seulement aujourd'hui il ne reste d'autres traces de la potence, qui alors était dressée sur cette esplanade, que trois fragments de la maçonnerie qui assurait les trois poteaux reliés entre eux par deux poutres et qui formaient le gibet.

Pour arriver à cette esplanade, située à gauche de la route quand on vient d'Etampes à Paris, et à droite quand on vient de Paris à Etampes ; pour arriver à cette esplanade, il fallait passer au pied de la tour de Guinette, ouvrage avancé qui semble une sentinelle posée isolément dans la plaine pour garder la ville.

Cette tour que vous devez connaître, chevalier Lenoir, et que Louis XI a essayé de faire sauter autrefois sans y réussir, est éventrée par l'explosion et semble regarder le gibet dont elle ne voit que l'extrémité, avec l'orbite noire d'un grand œil sans prunelle.

Le jour, c'est la demeure des corbeaux; la nuit, c'est le palais des chouettes et des chats-huants.

Je pris, au milieu de leurs cris et de

leurs houhoulements le chemin de l'esplanade, — chemin étroit, difficile, raboteux, creusé dans le roc, percé à travers les broussailles.

Je ne puis pas dire que j'eusse peur.

— L'homme qui croit en Dieu, qui se confie à lui, — ne doit avoir peur de rien, — mais j'étais ému.

On n'entendait au monde que le tic-tac monotone du moulin de la basse-ville, le cri des hibous et des chouettes, et le sifflement du vent dans les broussailles.

La lune entrait dans un nuage noir, dont elle brodait les extrémités d'une frange blanchâtre.

Mon cœur battait. Il me semblait que j'allais voir, non pas ce que j'étais venu pour voir, mais quelque chose d'inattendu. Je montais toujours.

Arrivé à un certain point de la montée, je commençai à distinguer l'extrémité supérieure du gibet, composé de ses trois piliers et de cette double traverse de chêne dont j'ai déjà parlé.

C'est à ces traverses de chêne que pendent les croix de fer auxquelles on attache les suppliciés.

J'apercevais, comme une ombre mobile, le corps du malheureux l'Artifaille, que le vent balançait dans l'espace.

Tout à coup, je m'arrêtai; je découvrais maintenant le gibet de son extrémité supérieure à sa base. J'apercevais une masse sans forme qui semblait un animal à quatre pattes et qui se mouvait.

Je m'arrêtai et me couchai derrière un rocher. Cet animal était plus gros qu'un chien, et plus massif qu'un loup.

Tout à coup il se leva sur les pattes de derrière et je reconnus que cet animal n'était autre que celui que Platon appelait un animal à deux pieds et sans plumes, — c'est-à-dire un homme.

Que pouvait venir faire à cette heure un homme sous un gibet, à moins qu'il n'y vînt avec un cœur religieux pour prier, ou avec un cœur irréligieux pour y faire quelque sacrilège ?

Dans tous les cas, je résolus de me tenir coi et d'attendre.

En ce moment, la lune sortit du nuage qui l'avait cachée un instant, et donna en plein sur le gibet.

Alors je pus voir distinctement l'homme et même tous les mouvements qu'il faisait.

Cet homme ramassa une échelle couchée à terre, puis la dressa contre un des poteaux, le plus rapproché du cadavre du pendu.

Puis il monta à l'échelle.

Puis il forma avec le pendu un groupe

étrange où le vivant et le mort semblèrent se confondre dans un embrassement.

Tout à coup un cri terrible retentit. Je vis s'agiter les deux corps; j'entendis crier à l'aide, d'une voix étranglée qui cessa bientôt d'être distincte; puis un des deux corps se détacha du gibet, tandis que l'autre restait pendu à la corde, et agitait ses bras et ses jambes.

Il m'était impossible de deviner ce qui se passait sous la machine infâme; mais enfin, œuvre de l'homme ou du démon, il venait de s'y passer quelque chose d'extraordinaire, quelque chose qui appelait à l'aide, qui réclamait du secours.

Je m'élançai. A ma vue, le pendu parut redoubler d'agitation, tandis que, dessous lui, était immobile et gisant le corps qui s'était détaché du gibet.

Je courus d'abord au vivant. Je montai vivement les degrés de l'échelle, et, avec mon couteau, je coupai la corde; le pendu tomba à terre, je sautai à bas de l'échelle.

Le pendu se roulait dans d'horribles convulsions, l'autre cadavre se tenait toujours immobile.

Je compris que le nœud coulant continuait de serrer le cou du pauvre diable. Je me couchai sur lui pour le fixer, — et, à grand'peine, je desserrai le nœud coulant qui l'étranglait.

Pendant cette opération, qui me forçait à regarder cet homme face à face, je reconnus avec étonnement que cet homme était le bourreau.

Il avait les yeux hors de leur orbite, — la face bleuâtre, la mâchoire presque tordue, et un souffle qui ressemblait plus à un râle qu'à une respiration, s'échappait de sa poitrine.

Cependant, l'air rentrait peu à peu dans ses poumons, et avec l'air la vie.

Je l'avais adossé à une grosse pierre; au bout d'un instant, il parut reprendre ses sens, toussa, tourna le col en toussant, et finit par me regarder en face.

Son étonnement ne fut pas moins grand que l'avait été le mien.

— Oh! oh! Monsieur l'abbé, dit-il, c'est vous?

— Oui, c'est moi.

— Et que venez-vous faire ici? me demanda-t-il.

— Mais vous-même?

Il parut rappeler ses esprits. Il regarda encore une fois autour de lui; mais, cette fois, ses yeux s'arrêtèrent sur le cadavre.

— Ah! dit-il, en essayant de se lever,

— allons-nous-en, Monsieur l'abbé, au nom du ciel, allons-nous en !

— Allez-vous-en, si vous voulez, mon ami ; mais moi, j'ai un devoir à accomplir.

— Ici ?

— Ici.

— Quel est-il donc ?

— Ce malheureux, qui a été pendu par vous aujourd'hui, a désiré que je vinsse dire au pied du gibet cinq *pater* et cinq *ave* pour le salut de son âme.

— Pour le salut de son âme ? oh ! Monsieur l'abbé, vous aurez de la besogne, si vous sauvez celle-là, c'est Satan en personne.

— Comment! c'est Satan en personne?

— Sans doute, ne venez-vous pas de voir ce qu'il m'a fait?

— Comment ce qu'il vous a fait, et que vous a-t-il donc fait?

— Il m'a pendu, pardieu!

— Il vous a pendu? mais il me semblait, au contraire, que c'était vous qui lui aviez rendu ce triste service.

— Oui, ma foi! et je croyais l'avoir bel et bien pendu même. Il paraît que je m'étais trompé! Mais comment donc n'a-t-il pas profité du moment où j'étais branché à mon tour pour se sauver?

J'allai au cadavre, je le soulevai, il était roide et froid.

— Mais parce qu'il est mort, dis-je.

— Mort! répéta le bourreau. Mort! ah! diable! c'est bien pis; alors sauvons-nous, Monsieur l'abbé, sauvons-nous.

Et il se leva.

— Non, par ma foi! dit-il, j'aime encore mieux rester, il n'aurait qu'à se relever et à courir après moi. — Vous, au moins, qui êtes un saint homme, vous me défendrez.

— Mon ami, dis-je à l'exécuteur en le regardant fixement, il y a quelque chose là-dessous. Vous me demandiez tout-à-l'heure ce que je venais faire ici à cette heure. A mon tour, je vous demanderai : que veniez-vous faire ici, vous ?

— Ah ! ma foi, Monsieur l'abbé, il faudra toujours bien que je vous le dise en confession ou autrement. Eh bien ! je vais vous le dire autrement. Mais, attendez donc...

Il fit un mouvement en arrière.

— Quoi donc ?

— Il ne bouge pas là-bas ?

— Non, soyez tranquille, le malheureux est bien mort.

— Oh ! bien mort... bien mort... — n'importe ! — Je vais toujours vous dire pourquoi je suis venu, et, si je mens, il me démentira, voilà tout.

— Dites.

— Il faut vous dire que ce mécréant-là n'a pas voulu entendre parler de confession ; — il disait seulement de temps en temps : — L'abbé Moulle est-il arrivé ?

— On lui répondait : — Non, pas encore.

— Il poussait un soupir; on lui offrait un prêtre, il répondait : — Non ! l'abbé Moulle... et pas d'autre.

— Oui, je sais cela.

— Au pied de la tour de Guinette, il s'arrêta : — Regardez donc, me dit-il, si vous ne voyez pas venir l'abbé Moulle.

— Non, lui dis-je.

Et nous nous remîmes en chemin.

Au pied de l'échelle il s'arrêta encore.

— L'abbé Moulle ne vient pas? demanda-t-il.

— Eh non! que l'on vous dit; — Il n'y a rien d'impatientant comme un homme qui vous répète toujours la même chose.

— Allons! dit-il.

— Je lui passai la corde au cou. — Je lui mis les pieds contre l'échelle, et lui dis : Monte.

Il monta sans trop se faire prier; mais quand il fut arrivé aux deux tiers de l'échelle :

— Attendez, me dit-il, que je m'assure que l'abbé Moulle ne vient pas.

— Ah! regardez, lui dis-je, ça n'est pas défendu.

Alors il regarda une dernière fois dans la foule; mais, ne vous voyant pas, il poussa un soupir.

Je crus qu'il était résolu et qu'il n'y avait plus qu'à le pousser; mais il vit mon mouvement.

— Attends, dit-il.

— Quoi encore?

— Je voudrais baiser une médaille de Notre-Dame qui est à mon cou.

— Ah! pour cela, lui dis-je, c'est trop juste : baise.

Et je lui mis la médaille contre les lèvres.

— Qu'y a-t-il donc encore? demandai-je.

— Je veux être enterré avec cette médaille.

— Hum ! hum fis-je, il me semble que toute la défroque du pendu appartient au bourreau.

— Cela ne me regarde pas, je veux être enterré avec ma médaille.

— Je veux, je veux ; comme vous y allez !

— Je veux, quoi !

La patience m'échappa ; il était tout prêt, il avait la corde au cou, l'autre bout de la corde était au crochet.

— Va-t-en au diable ! lui dis-je.

Et je le lançai dans l'espace.

— Notre-Dame ayez pi.....

Ma foi c'est tout ce qu'il put dire; la corde étrangla à la fois l'homme et la phrase.

Au même instant, vous savez comme cela se pratique, j'empoignai la corde, je sautai sur ses épaules, et han! han! tout fut dit. Il n'eut pas à se plaindre de moi, et je vous réponds qu'il n'a pas souffert.

— Mais tout cela ne dit pas pourquoi tu es venu ce soir.

— Oh! c'est que voilà ce qui est le plus difficile à raconter.

—Eh bien! je vais te le dire, moi, tu es venu pour lui prendre sa médaille.

— Eh bien! oui, le diable m'a tenté.

Je me suis dit : bon, bon ! tu veux ; c'est bien aisé à dire, cela ; mais quand la nuit sera venue, sois tranquille, nous verrons. Alors quand la nuit a été venue, je suis parti de la maison. J'avais laissé mon échelle aux alentours ; je savais où la retrouver. J'ai été faire une promenade ; je suis revenu par le plus long, et puis, quand j'ai vu qu'il n'y avait plus personne dans la plaine, quand je n'ai plus entendu aucun bruit, je me suis approché du gibet, j'ai dressé mon échelle, je suis monté, j'ai tiré le pendu à moi, je lui ai décroché sa chaîne, et.....

— Et quoi ?

— Ma foi ! croyez-moi, si vous voulez :

au moment où la médaille a quitté son cou, le pendu m'a pris, a retiré sa tête du nœud coulant, a passé ma tête à la place de la sienne, et, ma foi! il m'a poussé à mon tour, comme je l'avais poussé, moi. Voilà la chose.

— Impossible, vous vous trompez.

— M'avez-vous trouvé pendu, oui ou non?

— Oui.

— Eh bien! je vous promets que je ne me suis pas pendu moi-même. Voilà tout ce que je puis vous dire.

Je réfléchis un instant.

— Et la médaille, lui demandai-je, où est-elle?

— Ma foi, cherchez à terre, elle ne doit pas être loin. Quand je me suis senti pendu, je l'ai lâchée.

Je me levai et jetai les yeux à terre. Un rayon de la lune donnait dessus comme pour guider mes recherches.

Je la ramassai. J'allai au cadavre du pauvre l'Artifaille, et je lui rattachai la médaille au cou.

Au moment où elle toucha sa poitrine, quelque chose comme un frémissement courut par tout son corps, et un cri aigu et presque douloureux sortit de sa poitrine.

Le bourreau fit un bond en arrière.

Mon esprit venait d'être illuminé par

ce cri. Je me rappelai ce que les saintes Ecritures disaient des exorcismes et du cri que poussent les démons en sortant du corps des possédés.

Le bourreau tremblait comme la feuille.

— Venez ici, mon ami, lui dis-je, et ne craignez rien.

Il s'approcha en hésitant.

— Que me voulez-vous? dit-il.

— Voici un cadavre qu'il faut remettre à sa place.

— Jamais. — Bon ! pour qu'il me pende encore !

— Il n'y a pas de danger, mon ami, je vous réponds de tout.

— Mais, Monsieur l'abbé ! Monsieur l'abbé !

— Venez, vous dis-je.

Il fit encore un pas.

— Hum ! murmura-t-il, je ne m'y fie pas.

— Et vous avez tort, mon ami — Tant que le corps aura sa médaille, vous n'aurez rien à craindre.

— Pourquoi cela ?

— Parce que le démon n'aura aucune prise sur lui. — Cette médaille le protégeait, vous la lui avez ôtée ; — à l'instant même le mauvais génie qui l'avait poussé au mal, et qui avait été écarté par son bon ange, est rentré dans le cadavre, et vous avez vu quelle a été l'œuvre de ce mauvais génie.

— Alors ce cri que nous venons d'entendre.

— C'est celui qu'il a poussé quand il a senti que sa proie lui échappait.

— Tiens, dit le bourreau, en effet, cela pourrait bien être.

— Cela est.

— Alors, je vais le remettre à son crochet.

— Remettez-le ; il faut que la justice ait son cours; Il faut que la condamnation s'accomplisse.

Le pauvre diable hésitait encore.

— Ne craignez rien, lui dis-je je réponds de tout.

— N'importe, reprit le bourreau, ne me perdez pas de vue, et, au moindre cri, venez à mon secours.

— Soyez tranquille, vous n'aurez pas besoin de moi.

Il s'approcha du cadavre, le souleva doucement par les épaules et le tira vers l'échelle tout en lui parlant :

— N'aie pas peur, l'Artifaille, lui disait-il, ce n'est pas pour te prendre ta médaille. Vous ne nous perdez pas de vue, n'est-ce pas, Monsieur l'abbé ?

— Non, mon ami, soyez tranquille.

— Ce n'est pas pour te prendre ta médaille, continua l'exécuteur du ton le plus conciliant; non, sois tranquille; puisque tu l'as désiré, tu seras enterré avec elle. C'est vrai, il ne bouge pas, Monsieur l'abbé.

— Vous le voyez.

— Tu seras enterré avec elle, en attendant, je te remets à ta place, sur le désir de M. l'abbé, — car, pour moi, tu comprends!...

— Oui, oui, lui dis-je, sans pouvoir m'empêcher de sourire, mais faites vite.

— Ma foi, c'est fait, dit-il en lâchant le corps qu'il venait d'attacher de nouveau au crochet, et en sautant à terre du même coup.

Et le corps se balança dans l'espace, immobile et inanimé.

Je me mis à genoux et je commençai les prières que l'Artifaille m'avait demandées.

— Monsieur l'abbé, dit le bourreau en se mettant à genoux près de moi, vous plairait-il de dire les prières assez haut et assez doucement pour que je puisse les répéter ?

— Comment ! malheureux ! tu les as donc oubliées ?

— Je crois que je ne les ai jamais sues ?

Je dis les cinq *pater* et les cinq *ave*, que le bourreau répéta consciencieusement après moi.

La prière terminée, je me levai.

L'Artifaille, dis-je tout au haut supplicié, j'ai fait tout ce que j'ai pu pour le salut de ton âme, c'est à la bienheureuse Notre-Dame à faire le reste.

— *Amen!* dit mon compagnon.

En ce moment un rayon de lune illumina le cadavre comme une cascade d'argent. Minuit sonna à Notre-Dame.

— Allons, dis-je à l'exécuteur, nous n'avons plus rien à faire ici.

— Monsieur l'abbé, dit le pauvre diable, seriez-vous assez bon pour m'accorder une dernière grâce ?

— Laquelle ?

— C'est de me reconduire jusque chez moi ; tant que je ne sentirai pas ma porte bien fermée entre moi et ce gaillard-là, je ne serai pas tranquille.

— Venez, mon ami.

Nous quittâmes l'esplanade, non sans que mon compagnon, de dix pas en dix pas, se retournât pour voir si le pendu était bien à sa place.

Rien ne bougea.

Nous rentrâmes dans la ville. Je conduisis mon homme jusque chez lui. J'attendis qu'il eût éclairé sa maison, puis il ferma la porte sur moi, me dit adieu, et me remercia à travers la porte. Je rentrai chez moi, parfaitement calme de corps et d'esprit.

Le lendemain, comme je m'éveillais, on me dit que la femme du voleur m'attendait dans ma salle à manger.

Elle avait le visage calme et presque joyeux.

— Monsieur l'abbé, me dit-elle, je viens vous remercier : mon mari m'est apparu hier comme minuit sonnait à Notre-Dame, et il m'a dit :

— Demain matin, tu iras trouver

l'abbé Moulle, et tu lui diras que, grâce à lui et à Notre-Dame, je suis sauvé.

III

Le Bracelet de cheveux.

Mon cher abbé, dit Alliette, j'ai la plus grande estime pour vous et la plus grande vénération pour Cazotte; j'admets parfaitement l'influence de votre mauvais génie, mais il y a une chose que vous oubliez et dont je suis, moi un exemple:

c'est que la mort ne tue pas la vie ; — la mort n'est qu'un mode de transformation du corps humain ; la mort tue la mémoire, voilà tout, Si la mémoire ne mourait pas, chacun se souviendrait de toutes les pérégrinations de son âme, depuis le commencement du monde jusqu'à nous. — La pierre philosophale n'est pas autre chose que ce secret ; c'est ce secret qu'avait trouvé Pythagore, et qu'ont retrouvé le comte de Saint-Germain et Cagliostro ; — c'est ce secret que je possède à mon tour, et qui fait que mon corps mourra, comme je me rappelle positivement que cela lui est déjà arrivé quatre ou cinq fois, et encore, quand je dis que mon corps mourra, je me trompe, il y a certains corps qui ne meurent pas, et je suis de ceux-là.

— Monsieur Alliette, dit le docteur, voulez-vous d'avance me donner une permission?

— Laquelle?

— C'est de faire ouvrir votre tombeau un mois après votre mort.

— Un mois, deux mois, un an, dix ans, quand vous voudrez, docteur; seulement prenez vos précautions..... car le mal que vous ferez à mon cadavre pourrait nuire à l'autre corps dans lequel mon âme serait entrée.

— Ainsi vous croyez à cette folie?

— Je suis payé pour y croire : j'ai vu.

— Qu'avez-vous vu ?... un de ces morts vivants ?

— Oui.

— Voyons, Monsieur Alliette, puisque chacun a raconté son histoire, racontez aussi la vôtre ; il serait curieux que ce fût la plus vraisemblable de la société.

— Vraisemblable ou non, docteur, la voici dans toute sa vérité. J'allais de Strasbourg aux eaux de Louesche. Vous connaissez la route, docteur ?

— Non ; mais n'importe, allez toujours.

— J'allais donc de Strasbourg aux eaux de Louesche, et je passais naturellement par Bâle où je devais quitter la voiture publique pour prendre un voiturin.

Arrivé à l'hôtel de la Couronne que l'on m'avait recommandé, je m'enquis d'une voiture et d'un voiturin, priant mon hôte de s'informer si quelqu'un dans la ville n'était point en disposition de faire la même route que moi ; alors il était chargé de proposer à cette personne une association qui devait naturellement rendre à la fois la route plus agréable et moins coûteuse.

Le soir, il revint, ayant trouvé ce que je demandais ; la femme d'un négociant bâlois, qui venait de perdre son enfant, âgé de trois mois, qu'elle nourrissait elle-même, avait fait, à la suite de cette perte, une maladie pour laquelle on lui ordonnait les eaux de Louesche. C'était le premier enfant de ce jeune ménage marié depuis un an.

Mon hôte me raconta qu'on avait e grand'-peine à décider la femme à quitter son mari. Elle voulait absolument ou rester à Bâle ou qu'il vînt avec elle à Louesche ; mais d'un autre côté l'état de sa santé exigeant les eaux, tandis que l'état de leur commerce exigeait sa présence à Bâle, elle s'était décidée et partait avec moi le lendemain matin. Sa femme de chambre l'accompagnait.

Un prêtre catholique, desservant l'église d'un petit village des environs, nous accompagnait et occupait la quatrième place dans la voiture.

Le lendemain, vers huit heures du matin, la voiture vint nous prendre à l'hôtel ; le prêtre y était déjà. J'y montai à mon tour, et nous allâmes prendre la dame et sa femme de chambre.

Nous assistâmes, de l'intérieur de la voiture, aux adieux des deux époux, qui, commencés au fond de leur appartement, continuèrent dans le magasin, et ne s'achevèrent que dans la rue. Sans doute la femme avait quelque pressentiment, car elle ne pouvait se consoler. On eût dit qu'au lieu de partir pour un voyage d'une cinquantaine de lieues, elle partait pour faire le tour du monde.

Le mari paraissait plus calme qu'elle, mais néanmoins était plus ému qu'il ne convenait raisonnablement pour une pareille séparation.

Nous partîmes enfin.

Nous avions naturellement, le prêtre et moi, donné les deux meilleures places à la voyageuse et à sa femme de chambre, c'est-à-dire que nous étions sur le devant et elles au fond.

Nous prîmes la route de Soleure, et le premier jour nous allâmes coucher à Mundischwyll. Toute la journée, notre compagne avait été tourmentée, inquiète.

Le soir, ayant vu passer une voiture de retour, elle voulait reprendre le chemin de Bâle. Sa femme de chambre parvint cependant à la décider à continuer sa route.

Le lendemain, nous nous mîmes en route vers neuf heures du matin. La journée était courte ; nous ne comptions pas aller plus loin que Soleure.

Vers le soir, et comme nous commencions d'apercevoir la ville, notre malade tressaillit. Ah ! dit-elle, arrêtez, on court après nous.

Je me penchai hors de la portière.

— Vous vous trompez, Madame, répondis-je, la route est parfaitement vide.

— C'est étrange, insista-t-elle. J'entends le galop d'un cheval.

Je crus avoir mal vu. Je sortis plus avant hors de la voiture.

— Personne, Madame, lui dis-je.

Elle regarda elle-même et vit comme moi la route déserte.

— Je m'étais trompée, dit-elle en se rejetant au fond de la voiture ; et elle ferma les yeux comme une femme qui veut concentrer sa pensée en elle-même.

Le lendemain nous partîmes à cinq heures du matin. Cette fois la journée était longue. Notre conducteur vint coucher à Berne. A la même heure que la veille, c'est-à-dire vers cinq heures, notre compagne sortit d'une espèce de sommeil où elle était plongée, et étendant le bras vers le cocher :

— Conducteur, dit-elle, arrêtez. Cette fois j'en suis sûre, on court après nous.

— Madame se trompe, répondit le cocher. Je ne vois que les trois paysans qui viennent de nous croiser, et qui suivent tranquillement leur chemin.

— Oh! mais j'entends le galop du cheval.

Ces paroles étaient dites avec une telle conviction, que je ne pus m'empêcher de regarder derrière nous.

Comme la veille, la route était absolument déserte.

— C'est impossible, Madame, répondis-je, je ne vois pas de cavalier.

— Comment se fait-il que vous ne voyiez point de cavalier, puisque je vois, moi, l'ombre d'un homme et d'un cheval ?

Je regardai dans la direction de sa main, et je vis en effet l'ombre d'un cheval et d'un cavalier. Mais je cherchai inutilement les corps auxquels les ombres appartenaient.

Je fis remarquer cet étrange phénomène au prêtre, qui se signa.

Peu à peu cette ombre s'éclaircit, devint d'instants en instants moins visible, et enfin disparut tout à fait.

Nous entrâmes à Berne.

Tous ces présages paraissaient fatals à la pauvre femme; elle disait sans cesse qu'elle voulait retourner, et cependant elle continuait son chemin.

Soit inquiétude morale, soit progrès naturel de la maladie, en arrivant à Thun, la malade se trouva si souffrante, qu'il lui fallut continuer son chemin en litière. Ce fut ainsi qu'elle traversa le Kandre-Thal et le Gemmi. En arrivant à Louesche, un érésypèle se déclara et pendant plus d'un mois elle fut sourde et aveugle.

Au reste, ses pressentimens ne l'avaient pas trompée, à peine avait-elle fait vingt lieues que son mari avait été pris d'une fièvre cérébrale.

La maladie avait fait des progrès si rapides que, le même jour, sentant la gravité de son état, il avait envoyé un homme à cheval pour prévenir sa femme et l'inviter à revenir. Mais entre Lauffen et Breinteinbach, le cheval s'était abattu, et le cavalier étant tombé, sa tête avait donné contre une pierre, et il était resté dans une auberge, ne pouvant rien pour celui qui l'avait envoyé que de le faire prévenir de l'accident qui était arrivé.

Alors on avait envoyé un autre courrier; mais sans doute il y avait une fatalité sur eux, à l'extrémité du Kander-

Thal, il avait quitté son cheval et pris un guide pour monter le plateau du Schwalbach, qui sépare l'Oberland du Valais, quand, à moitié chemin, une avalanche, roulant du mont Attels, l'avait entraîné avec elle dans un abîme ; le guide avait été sauvé comme par miracle.

Pendant ce temps, le mal faisait des progrès terribles. On avait été obligé de raser la tête du malade qui portait des cheveux très longs, afin de lui appliquer de la glace sur le crâne. A partir de ce moment, le moribond n'avait plus conservé aucun espoir, et dans un moment de calme il avait écrit à sa femme :

« Chère Bertha,

« Je vais mourir, mais je ne veux pas me séparer de toi tout entier. Fais-toi faire un bracelet des cheveux qu'on vien de me couper et que je fais mettre à par t Porte-le toujours, et il me semble qu'ainsi nous serons encore réunis.

« Ton Frédérick. »

Puis il avait remis cette lettre à un troisième exprès, à qui il avait ordonné de partir aussitôt qu'il serait expiré.

Le soir même il était mort. Une heure après sa mort, l'exprès était parti, et, plus heureux que ses deux prédécesseurs, il était, vers la fin du cinquième jour, arrivé à Louesche.

Mais il avait trouvé la femme aveugle et sourde; au bout d'un mois seulement, grâce à l'efficacité des eaux, cette double infirmité avait commencé à disparaître. Ce n'était qu'un autre mois écoulé qu'on avait osé apprendre à la femme la fatale nouvelle à laquelle du reste les différentes visions qu'elle avait eues l'avaient préparée. Elle était restée un dernier mois pour se remettre complètement; enfin, après trois mois d'absence, elle était repartie pour Bâle.

Comme, de mon côté, j'avais achevé mon traitement, que l'infirmité pour laquelle j'avais pris les eaux et qui était un rhumatisme, allait beaucoup mieux, je lui demandai la permission de partir avec elle, ce qu'elle accepta avec reconnaissance, ayant trouvé en moi une personne à qui parler de son mari, que je n'avais fait qu'entrevoir au moment du départ, mais enfin que j'avais vu.

Nous quittâmes Louesche, et le cinquième jour, au soir, nous étions de retour à Bâle.

Rien ne fut plus triste et plus douloureux que la rentrée de cette pauvre veuve dans sa maison ; — comme les deux jeunes époux étaient seuls au monde, — le mari mort, on avait fermé le magasin, — le commerce avait cessé comme cesse le mouvement, lorsqu'une pendule s'arrête.

On envoya chercher le médecin qui avait soigné le malade, les différentes personnes qui l'avaient assisté à ses derniers moments, et par eux en quelque sorte, on ressuscita cette agonie, on reconstruisit cette mort déjà presque oubliée chez ces cœurs indifférents.

Elle redemanda au moins ces cheveux que son mari lui léguait.

Le médecin se rappela bien avoir ordonné qu'on les lui coupât; le barbier se souvint bien d'avoir rasé le malade, mais voilà tout. Les cheveux avaient été jetés au vent, dispersés, perdus.

La femme fut désespérée; ce seul et unique désir du moribond, qu'elle portât un bracelet de ses cheveux, était donc impossible à réaliser.

Plusieurs nuits s'écoulèrent ; nuits profondément tristes, pendant lesquelles la veuve, errante dans la maison, semblait bien plutôt une ombre elle-même qu'un être vivant.

A peine couchée, ou plutôt à peine endormie, elle sentait son bras droit tomber dans l'engourdissement, et elle ne se réveillait qu'au moment où cet engourdissement lui semblait gagner le cœur.

Cet engourdissement commençait au poignet, — c'est-à-dire à la place où aurait dû être le bracelet de cheveux, — et où elle sentait une pression pareille à celle d'un bracelet de fer trop étroit; et du poignet, comme nous l'avons dit, l'engourdissement gagnait le cœur.

Il était évident que le mort manifestait son regret de ce que ses volontés avaient été si mal suivies.

La veuve comprit ces regrets qui venaient de l'autre côté de la tombe.—Elle résolut d'ouvrir la fosse, et si la tête de son mari n'avait pas été entièrement rasée, d'y recueillir assez de cheveux pour réaliser son dernier désir.

En conséquence, sans rien dire de ses projets à personne, elle envoya chercher le fossoyeur.

Mais le fossoyeur qui avait enterré son mari était mort. Le nouveau fossoyeur, entré en exercice depuis quinze jours seulement, ne savait pas où était la tombe.

Alors, espérant une révélation, — elle, qui, par la double apparition du cheval, du cavalier, elle, qui, par la pression du bracelet, avait le droit de croire aux prodiges, — elle se rendit seule au cimetière, s'assit sur un tertre couvert d'herbe verte et vivace comme il en pousse sur les tombes, et là elle invoqua quelque nouveau signe auquel elle pût se rattacher pour ses recherches.

Une danse macabre était peinte sur le mur de ce cimetière. Ses yeux s'arrêtèrent sur la Mort et se fixèrent longtemps sur cette figure railleuse et terrible à la fois.

Alors il lui sembla que la Mort levait son bras décharné, et du bout de son doigt osseux désignait une tombe au milieu des dernières tombes.

La veuve alla droit à cette tombe; et, quand elle y fut, il lui sembla voir bien distinctement la Mort qui laissait retomber son bras à la place primitive.

Alors elle fit une marque à la tombe, alla chercher le fossoyeur, le ramena à l'endroit désigné, et lui dit :

— Creusez, c'est ici !

J'assistais à cette opération. J'avais

voulu suivre cette merveilleuse aventure jusqu'au bout.

Le fossoyeur creusa.

Arrivé au cercueil, il leva le couvercle. D'abord il avait hésité; mais la veuve lui avait dit d'une voix ferme :

—Levez, c'est le cercueil de mon mari.

Il obéit donc, tant cette femme savait inspirer aux autres la confiance qu'elle possédait elle-même.

Alors apparut une chose miraculeuse et que j'ai vue de mes yeux. Non-seulement le cadavre était le cadavre de son mari, — non-seulement ce cadavre, à la pâleur près, était tel que de son vivant, mais encore depuis qu'ils avaient été rasés, c'est-à-dire depuis le jour de sa mort, ses cheveux avaient poussé de telle sorte, qu'ils sortaient comme des racines par toutes les fissures de la bière.

Alors la pauvre femme se pencha vers ce cadavre, qui semblait seulement endormi; elle le baisa au front, coupa une mèche de ses longs cheveux si merveilleusement poussés sur la tête d'un mort, et en fit faire un bracelet.

Depuis ce jour, l'engourdissement nocturne cessa. Seulement, à chaque fois qu'elle était prête à courir quelque grand danger, une douce pression, une amicale étreinte du bracelet l'avertissait de se tenir sur ses gardes.

— Eh bien ! croyez-vous que ce mort fût réellement mort ; que ce cadavre fût bien un cadavre ? Moi, je ne le crois pas.

— Et, demanda la dame pâle avec un timbre si singulier, qu'il nous fit tressaillir tous dans cette nuit où l'absence de lumière nous avait laissés, vous n'avez pas entendu dire que ce cadavre fût jamais sorti du tombeau, vous n'avez pas entendu dire que personne eût eu à souffrir de sa vue et de son contact ?

— Non, dit Alliette. — J'ai quitté le pays.

— Ah ! dit le docteur; vous avez tort, monsieur Alliette, d'être de si facile composition. — Voici madame Grégoriska qui était toute prête à faire de votre bon marchand de Bâle en Suisse, un vampire polonais, — valaque ou hongrois. — Est-ce que, pendant votre séjour dans les monts Carpathes, continua en riant le docteur, est-ce que par hasard vous auriez vu des vampires ?

— Ecoutez, dit la dame pâle avec une étrange solennité, puisque tout le monde ici a raconté une histoire, j'en veux raconter une aussi. Docteur, vous ne direz pas que l'histoire n'est pas vraie ; c'est la mienne... Vous allez savoir pourquoi je suis si pâle.

En ce moment, un rayon de lune glissa par la fenêtre à travers les rideaux, et venant se jouer sur le canapé où elle était couchée, l'enveloppa d'une lumière bleuâtre qui semblait faire d'elle une statue de marbre noir couchée sur un tombeau.

Pas une voix n'accueillit la proposition, mais le silence profond qui régna dans le salon annonça que chacun attendait avec anxiété.

IV

Les monts Krapachs.

Je suis Palonaise, née à Sandomir, c'est-à-dire dans un pays où les légendes deviennent des articles de foi, où nous croyons à nos traditions de famille autant, plus peut-être qu'à l'Évangile. Pas un de nos châteaux qui n'ait son spectre, pas une de nos chaumières qui n'ait son esprit familier. Chez le riche comme chez le pauvre, dans le château comme dans la chaumière, on reconnaît le principe ami comme le principe ennemi. Parfois ces deux principes entrent en lutte et combattent. Alors ce sont des bruits si mystérieux dans les corridors, des rugissements si épouvantables dans les vieilles tours, des tremblements si effrayants dans les murailles, que l'on s'enfuit de la chaumière comme du château, et que paysans ou gentilshommes courent à l'église chercher la croix bénie ou les saintes reliques, seuls préservatifs contre les démons qui nous tourmentent.

Mais là aussi deux principes plus terribles, plus acharnés, plus implacables encore, sont en présence, la tyrannie et la liberté.

L'année 1825 vit se livrer entre la Russie et la Pologne une de ces luttes dans lesquelles on croirait que tout le sang d'un peuple est épuisé comme souvent s'épuise tout le sang d'une famille.

Mon père et mes deux frères s'étaient levés contre le nouveau czar, et avaient été se ranger sous le drapeau de l'indépendance polonaise, toujours abattu, — toujours relevé.

Un jour, j'appris que mon plus jeune

frère avait été tué; un autre jour, on m'annonça que mon frère aîné était blessé à mort; enfin, après une journée pendant laquelle j'avais écouté avec terreur le bruit du canon qui se rapprochait incessamment, je vis arriver mon père avec une centaine de cavaliers, débris de trois mille hommes qu'il commandait.

— Il venait s'enfermer dans notre château, avec l'intention de s'ensevelir sous ses ruines.

Mon père, qui ne craignait rien pour lui, tremblait pour moi. En effet, pour mon père, il ne s'agissait que de la mort, car il était bien sûr de ne pas tomber vivant aux mains de ses ennemis; mais, pour moi, il s'agissait de l'esclavage, du déshonneur, de la honte.

Mon père, parmi les cent hommes qui lui restaient, en choisit dix, appela l'intendant, lui remit tout l'or et tous les bijoux que nous possédions, et se rappelant que, lors du second partage de la Pologne, ma mère, presque enfant, avait trouvé un refuge inabordable dans le monastère de Sahastru, situé au milieu des monts Krapachs, il lui ordonna de me conduire dans ce monastère qui, hospitalier à la mère, ne serait pas moins hospitalier, sans doute, à la fille.

Malgré le grand amour que mon père

avait pour moi, les adieux ne furent pas longs. — Selon toute probabilité, les Russes devaient être le lendemain en vue du château. Il n'y avait donc pas de temps à perdre.

Je revêtis à la hâte un habit d'amazone, avec lequel j'avais l'habitude d'accompagner mes frères à la chasse. — On me sella le cheval le plus sûr de l'écurie, — mon père glissa ses propres pistolets, chef-d'œuvre de la manufacture de Toula, dans mes fontes, m'embrassa, et donna l'ordre du départ.

Pendant la nuit et pendant la journée du lendemain nous fîmes vingt lieues en suivant les bords d'une de ces rivières sans nom qui viennent se jeter dans la Vistule. — Cette première étape, doublée, nous avait mis hors de la portée des Russes.

Aux derniers rayons du soleil, nous avions vu étinceler les sommets neigeux des monts Krapachs. — Vers la fin de la journée du lendemain, nous atteignîmes leur base; enfin, dans la matinée du troisième jour, nous commençâmes à nous engager dans une de leurs gorges.

Nos monts Krapachs ne ressemblent point aux montagnes civilisées de votre Occident. Tout ce que la nature a d'étrange et de grandiose s'y présente aux regards dans sa plus complète majesté. Leurs cimes orageuses se perdent dans les nues, couvertes de neiges éternelles; leurs immenses forêts de sapins se penchent sur le miroir poli de lacs pareils à des mers; et ces lacs, jamais une nacelle ne les a sillonnés, jamais le filet d'un pêcheur n'a troublé leur cristal, profond comme l'azur du ciel; — la voix humaine y retentit à peine de temps en temps, faisant entendre un chant moldave auquel répondent les cris des animaux sauvages; chant et cris vont éveiller quelqu'écho solitaire, tout étonné qu'une rumeur quelconque lui ait appris sa propre existence. — Pendant bien des milles, on voyage sons les voûtes sombres de bois coupés par ces merveilles inattendues que la solitude nous révèle à chaque pas, — et qui font passer notre esprit de l'étonnement à l'admiration. — Là le danger est partout, — et se compose de mille dangers différents; mais on n'a pas le temps d'avoir peur, tant ces dangers sont sublimes. Tantôt ce sont des cascades improvisées par la fonte des glaces, qui, bondissant de rochers en rochers, envahissent tout-à-coup l'étroit sentier que vous suivez, — sentier tracé par le passage de la bête fauve — et du chasseur qui la poursuit; tantôt ce sont des arbres minés par le temps qui se détachent du sol et tombent avec un fracas terrible qui semble être celui d'un tremblement de terre; — tantôt enfin ce sont les ouragans qui vous enveloppent de nuages au milieu desquels on voit jaillir, s'allonger et se tordre l'éclair, pareil à un serpent de feu.

Puis après ces pics alpestres, après ces forêts primitives, comme vous avez eu des montagnes géantes, comme vous avez eu des bois sans limites, vous avez des steppes sans fin, véritable mer avec ses vagues et ses tempêtes, savanes arides et bosselées où la vue se perd dans un horizon sans bornes; alors ce n'est plus la terreur qui s'empare de vous, c'est la tristesse qui vous inonde; c'est une vaste et profonde mélancolie dont rien ne peut distraire; car l'aspect du pays, aussi loin que votre regard peut s'étendre, est toujours le même. Vous montez et vous descendez vingt fois des pentes semblables, cherchant vainement un chemin tracé : en vous voyant ainsi perdu dans votre isolement au milieu des déserts, vous vous croyez seul dans la nature et votre mélancolie devient de la désolation; en effet, la marche semble être devenue une chose inutile et qui ne vous conduira à rien; vous ne rencontrez ni village, ni château, ni chaumière, nulle trace d'habitation humaine; parfois seulement, comme une tristesse de plus dans ce morne paysage, un petit lac sans roseaux, sans buissons, endormi au fond d'un ravin, comme une autre mer Morte, vous barre la route avec ses eaux vertes, au-dessus desquelles s'élèvent à votre approche quelques oiseaux aquatiques aux cris prolongés et discordants. Puis, vous faites un détour; vous gravissez la colline qui est devant vous, vous descendez dans une autre vallée, vous gravissez une autre colline, et cela dure ainsi, jusqu'à ce que vous ayez épuisé la chaîne moutonneuse qui va toujours en s'amoindrissant.

Mais, cette chaîne épuisée, si vous faites un coude vers le midi, alors le paysage reprend du grandiose, alors vous apercevez une autre chaîne de montagnes plus élevées, de forme plus pittoresque, d'aspect plus riche ; celle-là est tout empanachée de forêts, toute coupée de ruisseaux : avec l'ombre et l'eau, la vie renaît dans le paysage ; on entend la cloche d'un ermitage ; on voit serpenter une caravane au flanc de quelque montagne. Enfin aux derniers rayons du soleil, on distingue, comme une bande de blancs oiseaux appuyés les uns aux autres, les maisons de quelque village qui semblent s'être groupées pour se préserver de quelque attaque nocturne; car avec la vie est revenu le danger, et ce ne sont plus, comme dans les premiers monts que l'on a traversés, des bandes d'ours et de loups qu'il faut craindre, mais des hordes de brigands moldaves qu'il faut combattre.

Cependant nous approchions. Dix journées de marche s'étaient passées sans accident. Nous pouvions déjà apercevoir la cime du mont Pion, qui dépasse de la tête toute cette famille de géants, et sur le versant méridional duquel est situé le couvent de Sahastru, où je me rendais. Encore trois jours, et nous étions arrivés.

Nous étions à la fin du mois de juillet, la journée avait été brûlante, et c'était avec une volupté sans pareille, que, vers quatre heures, nous avions commencé d'aspirer les premières fraîcheurs du soir. Nous avions dépassé les tours en ruines de Niantzo. Nous descendions vers une plaine que nous commencions d'apercevoir à travers l'ouverture des montagnes. Nous pouvions déjà, d'où nous étions, suivre des yeux le cours de la Bistriza, aux rives émaillées de rouges affrines et de grandes campanules aux fleurs blanches. Nous cotoyions un précipice au fond duquel roulait la rivière, qui là n'était encore qu'un torrent. A peine nos montures avaient-elles un assez large espace pour marcher deux de front.

Notre guide nous précédait, couché de côté sur son cheval, chantant une chanson morlaque aux monotones modulations, et dont je suivais les paroles avec un singulier intérêt.

Le chanteur était en même temps le poète. Quant à l'air, il faudrait être un de ces hommes des montagnes, pour vous le rendre dans toute sa sauvage tristesse, dans toute sa sombre simplicité.

En voici les paroles :

> Dans le marais de Stavila,
> Où tant de sang guerrier coula,
> Voyez-vous ce cadavre-là !
> Ce n'est point un fils d'Illyrie ;
> C'est un brigand plein de furie
> Qui, trompant la douce Marie,
> Extermina, trompa, brûla.
>
> Une balle au cœur du brigand
> A passé comme l'ouragan,
> Dans sa gorge est un yatagan.
> Mais depuis trois jours, ô mystère,
> Sous le pin morne et solitaire,
> Son sang tiède abreuve la terre
> Et noircit le pâle Ovigan.
>
> Ses yeux bleus pour jamais ont lui,
> Fuyons tous, malheur à celui
> Qui passe au marais près de lui,
> C'est un vampire ! Le loup fauve
> Loin du cadavre impur se sauve,
> Et sur la montagne au front chauve,
> Le funèbre vautour a fui.

Tout-à-coup, la détonation d'une

arme à feu se fit entendre, une balle siffla. La chanson s'interrompit, et le guide, frappé à mort, alla rouler au fond du précipice, tandis que son cheval s'arrêtait frémissant, en allongeant sa tête intelligente vers le fond de l'abîme où avait disparu son maître.

En même temps un grand cri s'éleva, et nous vîmes se dresser aux flancs de la montagne une trentaine de bandits; nous étions complètement entourés.

Chacun saisit son arme, et quoique pris à l'improviste, comme ceux qui m'accompagnaient étaient de vieux soldats habitués au feu, — ils ne se laissèrent pas intimider et ripostèrent, — moi-même, donnant l'exemple, je saisis un pistolet, et sentant le désavantage de la position, — je criai : en avant, — et piquai mon cheval qui s'emporta dans la direction de la plaine.

Mais nous avions affaire à des montagnards, bondissant de rochers en rochers comme de véritables démons des abîmes, faisant feu tout en bondissant, et gardant toujours sur notre flanc la position qu'ils avaient prise.

D'ailleurs, notre manœuvre avait été prévue. — à un endroit où le chemin s'élargissait, où la montagne faisait un plateau, — un jeune homme nous attendait à la tête d'une dizaine de gens à cheval; en nous apercevant, ils mirent leurs montures au galop et vinrent nous heurter de front, tandis que ceux qui nous poursuivaient se laissaient rouler des flancs de la montagne et, nous ayant coupé la retraite, nous enveloppaient de tous côtés.

La situation était grave, et cependant habituée dès mon enfance aux scènes de guerre, je pus l'envisager sans en perdre un détail.

Tous ces hommes vêtus de peaux de mouton, portaient d'immenses chapeaux ronds couronnés de fleurs naturelles comme ceux des Hongrois. Ils avaient chacun à la main un long fusil turc qu'ils agitaient après avoir tiré, en poussant des cris sauvages, et à la ceinture un sabre recourbé et une paire de pistolets.

Quant à leur chef, c'était un jeune homme de vingt-deux ans à peine, au teint pâle, aux longs yeux noirs, aux cheveux tombant bouclés sur ses épaules. Son costume se composait de la robe moldave garnie de fourrures et serrée à la taille par une écharpe à bandes d'or et de soie. Un sabre recourbé brillait à sa main, et quatre pistolets étincelaient à sa ceinture. Pendant le combat, il poussait des cris rauques et inarticulés qui semblaient ne point appartenir à la langue humaine et qui cependant exprimaient ses volontés, car à ces cris ses hommes obéissaient, se jetant ventre à terre pour éviter les décharges de nos soldats, se relevant pour faire feu à leur tour, abattant ceux qui étaient debout encore, achevant les blessés et changeant enfin le combat en boucherie.

J'avais vu tomber l'un après l'autre les deux tiers de mes défenseurs. — Quatre restaient encore debout, se serrant autour de moi, — ne demandant pas une grâce qu'ils étaient certains de ne pas obtenir, et ne songeant qu'à une chose, à vendre leur vie le plus cher possible.

Alors le jeune chef jeta un cri plus expressif que les autres, en étendant la pointe de son sabre vers nous. Sans doute cet ordre était d'envelopper d'un cercle de feu ce dernier groupe, et de nous fusiller tous ensemble, — car les longs mousquets moldaves s'abaissèrent d'un même mouvement. Je compris que notre dernière heure était venue. — Je levai les yeux et les mains au ciel avec une dernière prière, et j'attendis la mort.

En ce moment je vis, non pas descendre, mais se précipiter, mais bondir de rocher en rocher, un jeune homme, qui s'arrêta, debout, sur une pierre dominant toute cette scène, — pareil à une statue sur un piédestal, et qui, étendant la main sur le champ de bataille, ne prononça que ce seul mot :

— Assez.

A cette voix, tous les yeux se levèrent, chacun parut obéir à ce nouveau maître. Un seul bandit replaça son fusil à son épaule et lâcha le coup.

Un de nos hommes poussa un cri, la balle lui avait cassé le bras gauche.

Il se retourna aussitôt pour fondre sur l'homme qui l'avait blessé, mais avant que son cheval n'eût fait quatre pas, un éclair brillait au-dessus de notre tête, et le bandit rebelle roulait, la tête fracassée par une balle.

Tant d'émotions diverses m'avaient conduite au bout de mes forces, je m'évanouis.

Quand je revins à moi, j'étais couchée sur l'herbe, la tête appuyée sur les genoux d'un homme dont je ne voyais que la main blanche et couverte de bagues entourant ma taille, tandis que, devant moi, debout, les bras croisés, le sabre sous un de ses bras, se tenait le jeune chef moldave qui avait dirigé l'attaque contre nous.

— Kostaki, disait en français et d'un ton d'autorité celui qui me soutenait, vous allez à l'instant même faire retirer vos hommes et me laisser le soin de cette jeune femme.

—Mon frère, mon frère, répondit celui auquel ces paroles étaient adressées et qui semblait se contenir avec peine; mon frère, prenez garde de lasser ma patience, je vous laisse le château, laissez-moi la forêt. Au château, vous êtes le maître, mais ici je suis tout puissant. Ici, il me suffirait d'un mot pour vous forcer de m'obéir.

— Kostaki, je suis l'aîné, c'est vous dire que je suis le maître partout, dans la forêt comme au château, là-bas comme ici. Oh! je suis du sang des Brancovan comme vous, — sang royal qui a l'habitude de commander, et je commande.

— Vous commandez, vous, Grégoriska, à vos valets, oui; à mes soldats, non.

— Vos soldats sont des brigands, Kostaki... des brigands que je ferai pendre aux créneaux de nos tours, s'ils ne m'obéissent pas à l'instant même.

— Eh bien ! essayez donc de leur commander.

Alors je sentis que celui qui me soutenait, retirait son genou et posait doucement ma tête sur une pierre. Je le suivis du regard avec anxiété, et je pus voir le même jeune homme qui était tombé, pour ainsi dire, du ciel au milieu de la mêlée, et que je n'avais pu qu'entrevoir, m'étant évanouie au moment même où il avait parlé.

C'était un jeune homme de vingt-quatre ans, de haute taille, avec de grands yeux bleus dans lesquels on lisait une résolution et une fermeté singulières. Ses longs cheveux blonds, indice de la race slave, tombaient sur ses épaules comme ceux de l'archange Michel, encadrant des joues jeunes et fraîches ; ses lèvres étaient relevées par un sourire dédaigneux, et laissaient voir une double rangée de perles ; son regard était celui que croise l'aigle avec l'éclair. Il était vêtu d'une espèce de tunique en velours noir ;

un petit bonnet pareil à celui de Raphaël, orné d'une plume d'aigle, couvrait sa tête ; il avait un pantalon collant et des bottes brodées. Sa taille était serrée par un ceinturon supportant un couteau de chasse ; il portait en bandoulière une petite carabine à deux coups, dont un des bandits avait pu apprécier la justesse.

Il étendit la main, et cette main étendue semblait commander à son frère lui-même.

Il prononça quelques mots en langue moldave.

Ces mots parurent faire une profonde impression sur les bandits.

Alors, dans la même langue, le jeune

chef parla à son tour, et je devinai que ses paroles étaient mêlées de menaces et d'imprécations.

Mais à ce long et bouillant discours, l'aîné des deux frères ne répondit qu'un mot.

Les bandits s'inclinèrent.

Il fit un geste, les bandits se rangèrent derrière nous.

— Eh bien! soit, Grégoriska, dit Kostaki reprenant la langue française. Cette femme n'ira pas à la caverne, mais elle n'en sera pas moins à moi. Je la trouve belle, je l'ai conquise et je la veux.

Et en disant ces mots, il se jeta sur moi et m'enleva dans ses bras.

— Cette femme sera conduite au château et remise à ma mère, et je ne la quitterai pas d'ici là, répondit mon protecteur.

— Mon cheval ! cria Kostaki en langue moldave.

Dix bandits se hâtèrent d'obéir et amenèrent à leur maître le cheval qu'il demandait.

Grégoriska regarda autour de lui, saisit par la bride un cheval sans maître, et sauta dessus sans toucher les étriers.

Kostaki se mit presqu'aussi légèrement en selle que son frère, quoiqu'il me tînt encore entre ses bras, et partit au galop.

Le cheval de Grégoriska sembla avoir reçu la même impulsion, et vint coller sa tête et son flanc à la tête et au flanc du cheval de Kostaki.

C'était une chose curieuse à voir que ces deux cavaliers volant côte à côte, sombres, silencieux, ne se perdant pas un seul instant de vue, — sans avoir l'air de se regarder, s'abandonnant à leurs chevaux dont la course, désespérée les emportait à travers les bois, les rochers et les précipices. Ma tête renversée me permettait de voir les beaux yeux de Grégoriska fixés sur les miens. — Kostaki s'en aperçut, me releva la tête, et je ne vis plus que son regard sombre qui me dévorait.

— Je baissai mes paupières, mais ce fut inutilement, à travers leur voile, je continuais à voir ce regard lancinant qui pénétrait jusqu'au fond de ma poitrine et me perçait le cœur, — alors une étrange hallucination s'empara de moi ; — il me sembla être la Lénore de la ballade de Burger, emportée par le cheval et le cavalier fantômes, et lorsque je sentis que nous nous arrêtions, ce ne fut qu'avec terreur que j'ouvris les yeux, tant j'étais convaincue que je n'allais voir autour de moi — que croix brisées et tombes ouvertes.

Ce que je vis n'était guère plus gai, —

c'était la cour intérieure d'un château moldave, bâti au XIV° siècle.

V

Le Château des Brankovan.

Kostaki me laissa glisser de ses bras à terre, et presqu'aussitôt descendit près de moi; — mais si rapide qu'eût été son mouvement, il n'avait fait que suivre celui de Grégoriska.

Comme l'avait dit Grégoriska, au château il était bien le maître.

En voyant arriver les deux jeunes gens et cette étrangère, qu'ils amenaient, les domestiques accoururent; mais, quoique les soins fussent partagés entre Kostaki et Grégoriska, on sentait que les plus grands égards, que les plus profonds respects étaient pour ce dernier.

Deux femmes s'approchèrent; Grégoriska leur donna un ordre en langue moldave et me fit signe de la main de les suivre.

Il y avait tant de respect dans le regard qui accompagnait ce signe, que je n'hésitai point. Cinq minutes après, j'étais dans une chambre, qui, toute nue et toute inhabitable qu'elle eût paru à l'homme le moins difficile, était évidemment la plus belle du château.

C'était une grande pièce carrée, avec une espèce de divan de serge verte : siége le jour, lit la nuit. Cinq ou six grands fauteuils de chêne, un vaste bahut, et dans un des angles de cette chambre un dais pareil à une grande et magnifique stalle d'église.

De rideaux aux fenêtres, de rideaux au lit, il n'en était pas question.

On montait dans cette chambre par un escalier, où, dans des niches, se tenaient debout, plus grandes que nature, trois statues des Brankovan.

Dans cette chambre, au bout d'un

instant, on monta les bagages, au milieu desquels se trouvaient mes malles. Les femmes m'offrirent leurs services. Mais tout en réparant le désordre que cet évènement avait mis dans ma toilette, je conservai ma grande amazone, costume plus en harmonie avec celui de mes hôtes qu'aucun de ceux que j'eusse pu adopter.

A peine ces petits changements étaient-ils faits que j'entendis frapper doucement à ma porte.

— Entrez, dis-je naturellement en français, le français, vous le savez, étant pour nous autres Polonais une langue presque maternelle.

Grégoriska entra.

Ah! Madame, je suis heureux que vous parliez farnçais.

— Et moi aussi, Monsieur, lui répondis-je, je suis heureuse de parler cette langue, puisque j'ai pu, grâce à ce hasard, apprécier votre généreuse conduite vis-à-vis de moi. — C'est dans cette langue que vous m'avez défendue contre les desseins de votre frère, c'est dans cette langue que je vous offre l'expression de ma sincère reconnaissance.

— Merci, Madame. — Il était tout simple que je m'intéressasse à une femme, dans la position où vous vous trouviez. Je chassais dans la montagne, lorsque j'entendis des détonations irrégulières et continues ; je compris qu'il s'agissait de quelqu'attaque à main armée, et je marchai sur le feu, comme on dit en termes militaires. — Je suis arrivé à temps, grâce au ciel ; mais me permettrez-vous de m'informer, Madame, par quel hasard une femme de distinction comme vous êtes, s'était aventurée dans nos montagnes ?

— Je suis Polonaise, Monsieur, lui répondis-je, mes deux frères viennent d'être tués dans la guerre contre la Russie ; mon père, que j'ai laissé prêt à défendre notre château contre l'ennemi, les a sans doute rejoints à cette heure, et moi, sur l'ordre de mon père, fuyant tous ces massacres, je venais chercher un refuge au monastère de Sahastru, où ma mère, dans sa jeunesse et dans des circonstances pareilles, avait trouvé un asile sûr.

— Vous êtes l'ennemie des Russes ; alors tant mieux, dit le jeune homme, ce titre vous sera un auxiliaire puissant au château, et nous avons besoin de toutes nos forces pour soutenir la lutte qui se prépare. D'abord, puisque je sais qui vous êtes, sachez, vous, Madame, qui nous sommes : le nom de Brankovan ne vous est point étranger, n'est-ce pas, Madame?

Je m'inclinai.

Ma mère est la dernière princesse de ce nom, la dernière descendante de cet illustre chef que firent tuer les Cantimir, ces misérables courtisans de Pierre Ier. Ma mère épousa en premières noces mon père, Serban Waivady, prince comme elle, mais de race moins illustre.

Mon père avait été élevé à Vienne; il avait pu y apprécier les avantages de la civilisation. Il résolut de faire de moi un Européen. Nous partîmes pour la France, l'Italie, l'Espagne et l'Allemagne.

Ma mère, ce n'est pas à un fils, je le

sais bien, de vous raconter ce que je vais vous dire; mais comme, pour notre salut, il faut que vous nous connaissiez bien, vous apprécierez les causes de cette révélation ; ma mère qui, pendant les premiers voyages de mon père, lorsque j'étais, moi, dans ma plus jeune enfance, avait eu des relations coupables avec un chef de partisans, c'est ainsi, ajouta Grégoriska en souriant, qu'on appelle dans ce pays les hommes qui vous ont attaquée, — ma mère, dis-je, qui avait eu des relations coupables avec un comte Giordaki Koproli, moitié Grec, moitié Moldave, écrivit à mon père pour tout lui dire et lui demander le divorce; s'appuyant, dans cette demande, sur ce qu'elle ne voulait pas, — elle, une Brankovan — demeurer la femme d'un homme qui se faisait de jour en jour plus étranger à son pays. — Hélas! mon père n'eut pas besoin d'accorder son consentement à cette demande, qui peut vous paraître étrange à vous, mais qui, chez nous, est la chose la plus commune et la plus naturelle. — Mon père venait de mourir d'un anévrisme dont il souffrait depuis longtemps, — et ce fut moi qui reçus la lettre.

Je n'avais rien à faire, sinon des vœux bien sincères pour le bonheur de ma mère. — Ces vœux, — une lettre de moi les lui porta en lui annonçant qu'elle était veuve.

Cette même lettre lui demandait pour moi la permission de continuer mes voyages, permission qui me fut accordée.

Mon intention bien positive était de me fixer en France ou en Allemagne, pour ne point me trouver en face d'un homme qui me détestait et que je ne pouvais aimer, c'est-à-dire du mari de ma mère, quand, tout à coup, j'appris que le comte Giordaki Koproli venait d'être assassiné, à ce que l'on disait, par les anciens Cosaques de mon père.

Je me hâtai de revenir ; j'aimais ma

mère ; je comprenais son isolement, son besoin d'avoir auprès d'elle, dans un pareil moment, les personnes qui pouvaient lui être chères. Sans qu'elle eût jamais eu pour moi un amour bien tendre, j'étais son fils. Je rentrai un matin sans être attendu dans le château de nos pères.

J'y trouvai un jeune homme que je pris d'abord pour un étranger et que je sus ensuite être mon frère.

C'etait Kostaki, le fils de l'adultère, qu'un second mariage a légitimé, — Kostaki, c'est-à dire la créature indomptable que vous avez vue, dont les passions sont la seule loi, qui n'a rien de sacré en ce monde que sa mère, qui m'obéit comme le tigre obéit au bras qui l'a dompté, mais avec un éternel rugissement entretenu par le vague espoir de me dévorer un jour. — Dans l'intérieur du château, dans la demeure des Brankovan et des Waivady, je suis encore le maître ; mais, une fois hors de cette enceinte, une fois en pleine campagne, il redevient le sauvage enfant des bois et des monts, qui veut tout faire ployer sous sa volonté de fer. Comment a-t-il cédé aujourd'hui, comment ses hommes ont-ils cédé ? je n'en sais rien ; une vieille habitude, un reste de respect. Mais je ne voudrais pas hasarder une nouvelle épreuve. Restez ici, ne quittez pas cette chambre, cette cour, l'intérieur des murailles enfin, je réponds de tout ; faites un pas hors du château, je ne réponds plus de rien, que de me faire tuer pour vous défendre.

— Ne pourrais-je donc, selon les désirs de mon père, continuer ma route vers le couvent de Sahastru ?

— Faites, essayez, ordonnez, je vous accompagnerai ; — mais moi, je resterais en route, — et vous, vous..... vous n'arriverez pas.

— Que faire, alors ?

— Rester ici, attendre, prendre conseil des événements et profiter des circonstances. — Supposez que vous êtes tombée dans un repaire de bandits, et que votre courage seul peut vous tirer d'affaire, que votre sang-froid seul peut vous sauver. Ma mère, malgré sa préférence pour Kostaki, le fils de son amour, est bonne et généreuse. D'ailleurs, c'est une Brankovan, c'est-à-dire, une vraie princesse. Vous la verrez ; elle vous défendra des brutales passions de Kostaki. Mettez-vous sous sa protection ; — vous êtes belle, elle vous aimera. D'ailleurs, — il me regarda avec une expression indéfinissable, — qui pourrait vous voir et ne pas vous aimer? Venez maintenant dans la salle du souper, où elle nous attend. Ne montrez ni embarras ni défiance ; parlez en polonais : personne ne connaît cette langue ici ; je traduirai vos paroles à ma mère, et, soyez tranquille, je ne dirai que ce qu'il faudra dire. Surtout, pas un mot sur ce que je viens de vous révéler ; qu'on ne se doute pas que nous nous entendons. Vous ignorez encore la ruse et la dissimulation du plus sincère entre nous. Venez.

Je le suivis dans cet escalier éclairé par des torches de résine brûlant à des mains de fer qui sortaient des murailles.

Il était évident que c'était pour moi qu'on avait fait cette illumination inaccoutumée.

Nous arrivâmes à la salle manger.

Aussitôt que Grégoriska en eut ouvert la porte, et eut, en moldave, prononcé un mot, que j'ai su depuis vouloir dire : *l'étrangère*, une grande femme s'avança vers nous.

C'était la princesse Brankovan.

Elle portait ses cheveux blancs nattés autour de sa tête ; elle était coiffée d'un petit bonnet de marte-zibeline, surmonté d'une aigrette, témoignage de son origine princière. Elle portait une espèce de tunique de drap d'or, au corsage semé de pierreries, recouvrant une longue robe d'étoffe turque, garnie de fourrure pareille à celle du bonnet.

Elle tenait à la main un chapelet à grains d'ambre qu'elle roulait très vite entre ses doigts.

A côté d'elle était Kostaki, portant le splendide et majestueux costume magyare sous lequel il me sembla plus étrange encore.

C'était une robe de velours vert, à larges manches, tombant au-dessous du genou. Des pantalons de cachemire rouge, des babouches de marocain brodées d'or ; sa tête était découverte, et ses longs cheveux, bleus à force d'être noirs, tombaient sur son col nu, qu'accompagnait seulement le léger filet blanc d'une chemise de soie.

Il me salua gauchement et prononça en moldave quelques paroles qui restèrent inintelligibles pour moi.

— Vous pouvez parler français, mon frère, dit Grégoriska, Madame est Polonaise et entend cette langue.

Alors, Kostaki prononça en français quelques paroles presqu'aussi inintelligibles pour moi que celles qu'il avait prononcées en moldave ; mais la mère étendant gravement le bras, les interrompit. Il était évident pour moi qu'elle déclarait à ses fils que c'était à elle à me recevoir.

Alors elle commença en moldave un discours de bienvenue, auquel sa physionomie donnait un sens facile à expliquer. Elle me montra la table, m'offrit un siége près d'elle, désigna du geste la maison tout entière, comme pour me dire qu'elle était à moi; et s'asseyant la première avec une dignité bienveillante, elle fit un signe de croix, et commença une prière.

Alors chacun prit sa place : place fixée par l'étiquette, Grégoriska près de moi. J'étais l'étrangère, et par conséquent je créais une place d'honneur à Kostaki près de sa mère Smérande.

C'était ainsi que s'appelait la comtesse.

Grégoriska lui aussi avait changé de

costume. Il portait la tunique magyare comme son frère ; seulement cette tunique était de velours grenat et ses pantalons de cachemire bleu. Une magnifique décoration pendait à son col : c'était le Nisham du sultan Mahmoud.

Le reste des commensaux de la maison soupait à la même table, chacun au rang que lui donnait sa position parmi les amis ou parmi les serviteurs.

Le souper fut triste, pas une seule fois Kostaki ne m'adressa la parole, quoique son frère eût toujours l'attention de me parler en français. Quant à la mère, elle m'offrit de tout elle-même avec cet air solennel qui ne la quittait jamais. Grégoriska avait dit vrai, c'était une vraie princesse.

Après le souper Grégoriska s'avança vers sa mère. Il lui expliqua en langue moldave le besoin que je devais avoir d'être seule, et combien le repos m'était nécessaire après les émotions d'une pareille journée. Smérande fit de la tête un signe d'approbation, me tendit la main, me baisa au front comme elle eût fait de sa fille, et me souhaita une bonne nuit dans son château.

Grégoriska ne s'était pas trompé : ce moment de solitude, je le désirais ardemment. Aussi remerciai-je la princesse, qui vint me reconduire jusqu'à la porte, où m'attendaient les deux femmes qui m'avaient déjà conduite dans ma chambre.

Je la saluai à mon tour, ainsi que ses deux fils, et rentrai dans ce même appartement, d'où j'étais sortie une heure auparavant.

Le sopha était devenu un lit. Voilà le seul changement qui s'y fût fait.

Je remerciai les femmes. Je leur fis signe que je me déshabillerais seule; elles sortirent aussitôt avec des témoignages de respect qui indiquaient qu'elles avaient ordre de m'obéir en toutes choses.

Je restai dans cette chambre immense

dont ma lumière, en se déplaçant, n'éclairait que les parties que j'en parcourais sans jamais pouvoir en éclairer l'ensemble. Singulier jeu de lumière, qui établissait une lutte entre la lueur de ma bougie et les rayons de la lune, qui passait par ma fenêtre sans rideaux.

Outre la porte par laquelle j'étais entrée, et qui donnait sur l'escalier, deux autres portes s'ouvraient sur ma chambre; mais d'énormes verroux, placés à ces portes, et qui se tiraient de mon côté suffisaient pour me rassurer.

J'allai à la porte d'entrée que je visitai. Cette porte comme les autres avait ses moyens de défense.

J'ouvris ma fenêtre elle donnait sur un précipice.

Je compris que Grégoriska avait fait de cette chambre un choix réfléchi.

Enfin, en revenant à mon sopha, je trouvai sur une table placée à mon chevet, un petit billet plié.

Je l'ouvris et je lus en polonais :

« Dormez tranquille, vous n'aurez rien
« à craindre tant que vous demeurerez
« dans l'intérieur du château. »

« GRÉGORISKA. »

Je suivis le conseil qui m'était donné, et la fatigue l'emportant sur mes préoccupations, je me couchai et je m'endormis.

VI

Les deux frères.

A dater de ce moment, je fus établie au château, et, à dater de ce moment, commença le drame que je vais vous raconter.

Les deux frères devinrent amoureux de moi, chacun avec les nuances de son caractère.

Kostaki, dès le lendemain, me dit qu'il m'aimait, déclara que je serais à lui et non à un autre, et qu'il me tuerait plutôt que de me laisser appartenir à qui que ce fût.

Grégoriska ne dit rien; mais il m'entoura de soins et d'attentions. Toutes les ressources d'une éducation brillante, tous les souvenirs d'une jeunesse passée dans les plus nobles cours de l'Europe, furent employés pour me plaire. Hélas! ce n'était pas difficile : au premier son de sa voix, j'avais senti que cette voix caressait mon âme; au premier regard de ses yeux, j'avais senti que ce regard pénétrait jusqu'à mon cœur.

Au bout de trois mois, Kostaki m'avait cent fois répété qu'il m'aimait, et je le haïssais ; au bout de trois mois, Grégoriska ne m'avait pas encore dit un seul mot d'amour, et je sentais que lorsqu'il l'exigerait, je serais toute à lui.

Kostaki avait renoncé à ses courses. — Il ne quittait plus le château. — Il avait momentanément abdiqué en faveur d'une espèce de lieutenant, qui, de temps en temps, venait lui demander ses ordres et disparaissait.

Smérande aussi m'aimait d'une amitié passionnée, dont l'expression me faisait peur. Elle protégeait visiblement Kostaki, et semblait être plus jalouse de moi qu'il ne l'était lui-même. Seulement, comme elle n'entendait ni le polonais ni le français, et que moi je n'entendais pas le moldave, elle ne pouvait faire près de moi des instances bien pressantes en faveur de son fils ; — mais elle avait appris à dire en français trois mots qu'elle me répétait chaque fois que ses lèvres se posaient sur mon front.

— Kostaki aime Hedwige.

Un jour j'appris une nouvelle terrible et qui venait mettre le comble à mes malheurs : la liberté avait été rendue à ces quatre hommes qui avaient survécu au combat ; ils étaient repartis pour la Pologne, en engageant leur parole que l'un d'eux reviendrait avant trois mois me donner des nouvelles de mon père.

L'un d'eux reparut, en effet, un matin. Notre château avait été pris, brûlé et rasé, et mon père s'était fait tuer en le défendant.

J'étais désormais seule au monde.

Kostaki redoubla d'instances, et Smérande de tendresse; mais cette fois je prétextai le deuil de mon père. Kostaki insista, disant que plus j'étais isolée, plus j'avais besoin d'un soutien; sa mère insista, comme et avec lui, plus que lui peut-être.

Grégoriska m'avait parlé de cette puissance que les Moldaves ont sur eux-mêmes, lorsqu'ils ne veulent pas laisser lire dans leurs sentiments. Il en était, lui, un vivant exemple. Il était impossible d'être plus certaine de l'amour d'un homme que je ne l'étais du sien, et cependant si l'on m'eût demandé sur quelle preuve reposait cette certitude, il m'eût été impossible de le dire ; nul dans le château n'avait vu sa main toucher la mienne, ses yeux chercher les miens. La jalousie seule pouvait éclairer Kostaki sur cette rivalité, comme mon amour seul pouvait m'éclairer sur cet amour.

Cependant, je l'avoue, cette puissance de Grégoriska sur lui-même m'inquiétait. — Je croyais, certainement, mais ce n'était pas assez, j'avais besoin d'être convaincue, — lorsqu'un soir, comme je venais de rentrer dans ma chambre, j'entendis frapper doucement à l'une de ces deux portes que j'ai désignées comme fermant en dedans; à la manière dont on frappait, je devinai que cet appel était celui d'un ami. Je m'approchai et je demandai qui était là.

— Grégoriska, répondit une voix à l'accent de laquelle il n'y avait pas de danger que je me trompasse.

— Que me voulez-vous? lui demandai-je toute tremblante.

— Si vous avez confiance en moi, dit Grégoriska, si vous me croyez un homme d'honneur, accordez-moi ma demande.

— Quelle est-elle?

— Éteignez votre lumière comme si vous étiez couchée, et, dans une demi-heure, ouvrez-moi votre porte.

— Revenez dans une demi-heure, fut ma seule réponse. J'éteignis ma lumière et j'attendis.

Mon cœur battait avec violence, car je comprenais qu'il s'agissait de quelqu'évènement important.

La demi-heure s'écoula; j'entendis frapper plus doucement encore que la première fois. Pendant l'intervalle, j'avais tiré les verroux ; je n'eus donc qu'à ouvrir la porte.

Grégoriska entra, et sans même qu'il me le dît, je repoussai la porte derrière lui et fermai les verroux.

Il resta un moment muet et immobile, m'imposant silence du geste. Puis, lorsqu'il se fut assuré que nul danger urgent ne nous menaçait, il m'emmena au milieu de la vaste chambre, et sentant à mon tremblement que je ne saurais rester debout, il alla me chercher une chaise.

Je m'assis, ou plutôt je me laissai tomber sur cette chaise.

— Oh! mon Dieu! lui dis-je, qu'y a-t-il

donc et pourquoi tant de précautions?

— Parce que ma vie, ce qui ne serait rien, parce que la vôtre peut-être aussi, dépendent de la conversation que nous allons avoir.

Je lui saisis la main, tout effrayée.

Il porta ma main à ses lèvres tout en me regardant, pour me demander pardon d'une pareille audace.

Je baissai les yeux : c'était consentir.

— Je vous aime, me dit-il de sa voix mélodieuse comme un chant; m'aimez-vous?

— Oui, — lui répondis-je.

— Consentiriez-vous à être ma femme?

— Oui.

Il passa la main sur son front avec une profonde aspiration de bonheur.

— Alors, vous ne refuserez pas de me suivre?

— Je vous suivrai partout!

— Car vous comprenez, continua-t-il, que nous ne pouvons être heureux qu'en fuyant.

— Oh oui! m'écriai-je, fuyons.

— Silence! fit-il en tressaillant; — silence!

— Vous avez raison.

Et je me rapprochai toute tremblante de lui.

—Voici ce que j'ai fait, me dit-il ; voici ce qui fait que j'ai été si longtemps sans vous avouer que je vous aimais. — C'est que je voulais, une fois sûr de votre amour, que rien ne pût s'opposer à notre union. Je suis riche, Hedwige, immensément riche, mais à la façon des seigneurs moldaves : — riche de terres, de troupeaux, de serfs. — Eh bien ! j'ai vendu, au monastère de Hango, pour un million de terres, de troupeaux, de villages. Ils m'ont donné pour trois cent mille francs de pierreries, pour cent mille francs d'or,

le reste en lettres de change sur Vienne.
Un million vous suffira-t-il?

Je lui serrai la main.

— Votre amour m'eût suffi, Grégoriska, jugez.

— Eh bien! écoutez : demain je vais au monastère de Hango pour prendre mes derniers arrangements avec le supérieur. Il me tient des chevaux prêts; ces chevaux nous attendront à partir de neuf heures, cachés à cent pas du château. Après souper, vous remontez comme aujourd'hui; comme aujourd'hui vous éteignez votre lumière; comme aujourd'hui j'entre chez vous. Mais demain, au lieu d'en sortir seul, vous me suivez, nous gagnons la porte qui donne sur la campagne, nous trouvons nos chevaux, nous nous élançons dessus, et après-demain au jour nous avons fait trente lieues.

— Que ne sommes-nous à après-demain !

— Chère Hedwige.

Grégoriska me serra contre son cœur, — nos lèvres se rencontrèrent. Oh ! il l'avait bien dit : c'était un homme d'honneur à qui j'avais ouvert la porte de ma chambre ; — mais il le comprit bien : si je ne lui appartenais pas de corps, je lui appartenais d'âme.

La nuit s'écoula sans que je pusse dormir un seul instant. Je me voyais fuyant avec Grégoriska, — je me sentais emportée par lui comme je l'avais été par Kostaki ; — seulement, cette fois, cette course terrible, effrayante, funèbre, se changeait en une douce et ravissante étreinte à laquelle la vitesse ajoutait la volupté, car la vitesse a aussi une volupté à elle.

Le jour vint. Je descendis. Il me sembla qu'il y avait quelque chose de plus sombre encore qu'à l'ordinaire dans la façon dont Kostaki me salua. — Son sourire n'était même plus une ironie, c'était une menace. Quant à Smérande, elle me parut la même que d'habitude.

Pendant le déjeûner, Grégoriska ordonna ses chevaux. — Kostaki ne parut faire aucune attention à cet ordre.

Vers onze heures, il nous salua, annonçant son retour pour le soir seulement, et priant sa mère de ne pas l'attendre à dîner ; puis, se retournant vers moi, — il me pria, à mon tour, d'agréer ses excuses.

Il sortit. L'œil de son frère le suivit jusqu'au moment où il quitta la chambre, et, en ce moment, il jaillit de cet œil un tel éclair de haine, que je frissonnai.

La journée s'écoula au milieu de transes que vous pouvez concevoir. Je n'avais fait confidence de nos projets à personne, à peine même dans mes prières, si j'avais osé en parler à Dieu, et il me semblait que ces projets étaient connus de tout le monde, que chaque regard qui se fixait sur moi pouvait pénétrer et lire au fond de mon cœur.

Le dîner fut un supplice : sombre et taciturne, Kostaki parlait rarement; cette fois il se contenta d'adresser deux ou trois fois la parole en moldave à sa mère, et chaque fois l'accent de sa voix me fit tressaillir.

Quand je me levai pour remonter à ma chambre, Smérande, comme d'habitude, m'embrassa, et, en m'embrassant, elle me dit cette phrase que, depuis huit jours, je n'avais point entendue sortir de sa bouche :

— Kostaki aime Hedwige !

Cette phrase me poursuivit comme une menace ; une fois dans ma chambre, il me semblait qu'une voix fatale murmurait à mon oreille : Kostaki aime Hedwige !

Or, l'amour de Kostaki, Grégoriska me l'avait dit, c'était la mort.

Vers sept heures du soir, et comme le jour commençait à baisser, je vis Kostaki traverser la cour. — Il se retourna pour regarder de mon côté, mais je me rejetai en arrière, — afin qu'il ne pût me voir.

J'étais inquiète, car aussi longtemps

que la position de ma fenêtre m'avait permis de le suivre, je l'avais vu se dirigeant vers les écuries — Je me hasardai à tirer les verroux de ma porte, et à me glisser dans la chambre voisine, d'où je pouvais voir tout ce qu'il allait faire.

En effet, il se rendait aux écuries. — Il en fit sortir alors lui-même son cheval favori, le sella de ses propres mains et avec le soin d'un homme qui attache la plus grande importance aux moindres détails. — Il avait le même costume sous lequel il m'était apparu pour la première fois. Seulement, pour toute arme, il portait son sabre.

Son cheval sellé, il jeta les yeux encore

une fois sur la fenêtre de ma chambre. Puis, ne me voyant pas, il sauta en selle, se fit ouvrir la même porte par laquelle était sorti et par laquelle devait rentrer son frère, et s'éloigna au galop, dans la direction du monastère de Hango.

Alors mon cœur se serra d'une façon terrible, un pressentiment fatal me disait que Kostaki allait au-devant de son frère.

Je restai à cette fenêtre tant que je pus distinguer cette route, qui, à un quart de lieue du château, faisait un coude, et se perdait dans le commencement d'une forêt. Mais la nuit descendit à chaque instant plus épaisse, la route finit par s'effacer tout à fait. Je restais encore.

Enfin mon inquiétude, par son excès même, me rendit ma force, et comme c'était évidemment dans la salle d'en bas que je devais avoir les premières nouvelles de l'un et l'autre des deux frères, je descendis.

Mon premier regard fut pour Smérande. Je vis, au calme de son visage, qu'elle ne ressentait aucune appréhension, elle donnait ses ordres pour le souper habituel, et les couverts des deux frères étaient à leurs places.

Je n'osais interroger personne. D'ailleurs qui eussé-je interrogé? Personne au château, excepté Kostaki et Grégoriska, ne parlait aucune des deux seules langues que je parlasse.

Au moindre bruit je tressaillais.

C'était à neuf heures ordinairement que l'on se mettait à table pour le souper. J'étais descendue à huit heures et demie ; je suivais des yeux l'aiguille des minutes, dont la marche était presque visible sur le vaste cadran de l'horloge.

L'aiguille voyageuse franchit la distance qui la séparait du quart. Le quart sonna. — La vibration retentit sombre et triste, — puis l'aiguille reprit sa marche silencieuse, et je la vis de nouveau parcourir la distance avec la régularité et la lenteur d'une pointe de compas.

Quelques minutes avant neuf heures, il me sembla entendre le galop d'un cheval dans la cour. — Smérande l'entendit aussi, car elle tourna la tête du côté de la fenêtre ; mais la nuit était trop épaisse pour qu'elle pût voir.

Oh ! si elle m'eût regardée en ce moment, comme elle eût pu deviner ce qui se passait dans mon cœur. — On n'avait entendu que le trot d'un seul cheval, — et c'était tout simple. Je savais bien, moi, qu'il ne reviendrait qu'un seul cavalier.

Mais lequel ?

Des pas résonnèrent dans l'antichambre. — Ces pas étaient lents et semblaient peser sur mon cœur.

La porte s'ouvrit, je vis dans l'obscurité se dessiner une ombre. Cette ombre s'arrêta un moment sur la porte. Mon cœur était suspendu.

L'ombre s'avança, et, au fur et à mesure qu'elle entrait dans le cercle de lumière, je respirais.

Je reconnus Grégoriska. Un instant de douleur de plus et mon cœur se brisait.

Je reconnus Grégoriska, mais pâle comme un mort. Rien qu'à le voir on devinait que quelque chose de terrible venait de se passer.

— Est-ce toi, Kostaki? demanda Smérande.

— Non, ma mère, répondit Grégoriska d'une voix sourde.

— Ah! vous voilà, dit-elle ; et depuis quand votre mère doit-elle vous attendre?

— Ma mère, dit Grégoriska en jetant un coup-d'œil sur la pendule, il n'est que neuf heures.

Et en même temps, en effet, neuf heures sonnèrent.

— C'est vrai, dit Smérande. Où est votre frère?

Malgré moi, je songeai que c'était la même question que Dieu avait faite à Caïn.

Grégoriska ne répondit point.

— Personne n'a-t-il vu Kostaki? demanda Smérande.

Le vatar, ou majordome, s'informa autour de lui.

— Vers les sept heures, dit-il, le comte a été aux écuries, a sellé son cheval lui-même, et est parti par la route de Hango.

En ce moment, mes yeux rencontrèrent les yeux de Grégoriska. Je ne sais si c'était une réalité ou une hallucination, il me sembla qu'il avait une goutte de sang au milieu du front.

Je portai lentement mon doigt à mon propre front, indiquant l'endroit où je croyais voir cette tache.

Grégoriska me comprit; il prit son

mouchoir et s'essuya.

— Oui, oui, murmura Smérande, il aura rencontré quelque ours, quelque loup, qu'il se sera amusé à poursuivre. Voilà pourquoi un enfant fait attendre sa mère. Où l'avez-vous laissé, Grégoriska? dites.

— Ma mère, répondit Grégoriska d'une voix émue, mais assurée, mon frère et moi, ne sommes pas sortis ensemble.

— C'est bien! dit Smérande. Que l'on serve, que l'on se mette à table et que l'on ferme les portes; ceux qui seront dehors coucheront dehors.

Les deux premières parties de cet ordre furent exécutées à la lettre, Smérande prit sa place, Grégoriska s'assit à sa droite, et moi à sa gauche.

Puis les serviteurs sortirent pour accomplir la troisième, c'est-à-dire pour fermer les portes du château.

En ce moment on entendit un grand bruit dans la cour, et un valet tout effaré entra dans la salle en disant :

— Princesse, le cheval du comte Kostaki vient de rentrer dans la cour, seul, et tout couvert de sang.

—Oh! murmura Smérande, en se dressant pâle et menaçante, c'est ainsi qu'est rentré un soir le cheval de son père.

Je jetai les yeux sur Grégoriska : il n'était plus pâle, il était livide.

En effet, le cheval du comte Koproly était rentré un soir dans la cour du château, tout couvert de sang, et, une heure après, les serviteurs avaient retrouvé et rapporté le corps couvert de blessures.

Smérande prit une torche des mains d'un des valets, s'avança vers la porte, l'ouvrit et descendit dans la cour.

Le cheval, tout effaré, était contenu malgré lui par les trois ou quatre serviteurs qui unissaient leurs efforts pour l'apaiser.

Smérande s'avança vers l'animal, regarda le sang qui tachait sa selle et reconnut une blessure au haut de son front.

— Kostaki a été tué en face, dit-elle,

en duel et par un seul ennemi. Cherchez son corps, enfants, plus tard nous chercherons son meurtrier.

Comme le cheval était rentré par la porte de Hango, tous les serviteurs se précipitèrent par cette porte, et on vit leurs torches s'égarer dans la campagne et s'enfoncer dans la forêt, comme, dans un beau soir d'été, on voit scintiller les lucioles dans les plaines de Nice et de Pise.

Smérande, comme si elle eût été convaincue que la recherche ne serait pas longue, attendit debout à la porte. Pas une larme ne coulait des yeux de cette mère désolée, et cependant on sentait gronder le désespoir au fond de son cœur.

Grégoriska se tenait derrière elle, et j'étais près de Grégoriska.

Il avait un instant, en quittant la salle, eu l'intention de m'offrir le bras, mais il n'avait point osé.

Au bout d'un quart-d'heure à peu près, on vit au tournant du chemin reparaître une torche, puis deux, puis toutes les torches.

Seulement cette fois, au lieu de s'éparpiller dans la campagne, elles étaient massées autour d'un centre commun.

Ce centre commun, on put bientôt voir qu'il se composait d'une litière et d'un homme étendu sur cette litière.

Le funèbre cortége s'avançait lentement, mais il s'avançait. Au bout de dix minutes, il fut à la porte. En apercevant la mère vivante qui attendait le fils mort, ceux qui le portaient se découvraient instinctivement, puis ils rentrèrent silencieux dans la cour.

Smérande se mit à leur suite, et nous, nous suivîmes Smérande. On atteignit ainsi la grande salle, dans laquelle on déposa le corps.

Alors, faisant un geste de suprême majesté, Smérande écarta tout le monde, et s'approchant du cadavre, elle mit un genou en terre devant lui, écarta les cheveux qui faisaient un voile à son visage, le contempla longtemps, les yeux secs toujours, puis ouvrant la robe moldave, écarta la chemise souillée de sang.

Cette blessure était au côté droit de la poitrine. Elle avait dû être faite par une lame droite et coupante des deux côtés.

Je me rappelai avoir vu le jour même, au côté de Grégoriska, le long couteau de chasse qui servait de baïonnette à sa carabine.

Je cherchai à son côté cette arme; mais elle avait disparu.

Smérande demanda de l'eau, trempa son mouchoir dans cette eau, et lava la plaie.

Un sang frais et pur vint rougir les lèvres de la blessure.

Le spectacle que j'avais sous les yeux présentait quelque chose d'atroce et de sublime à la fois. Cette vaste chambre, enfumée par les torches de résine, ces visages barbares, ces yeux brillants de férocité, ces costumes étranges, cette mère qui calculait, à la vue du sang encore chaud, depuis combien de temps la mort lui avait pris son fils, ce grand silence, interrompu seulement par les sanglots de ces brigands, dont Kostaki était le chef, tout cela, je le répète, était atroce et sublime à voir.

Enfin Smérande approcha ses lèvres

du front de son fils, puis, se relevant, — puis rejetant en arrière les longues nattes de ses cheveux blancs qui s'étaient déroulées :

— Grégoriska! dit-elle.

Grégoriska tressaillit,—secoua la tête, et, sortant de son atonie :

— Ma mère, répondit-il.

— Venez ici, mon fils, et écoutez-moi.

Grégoriska obéit en frémissant, mais il obéit.

A mesure qu'il approchait du corps, le sang, plus abondant et plus vermeil, sortait de la blessure. Heureusement, Smérande ne regardait plus de ce côté, car, à la vue de ce sang accusateur, elle n'eût plus eu besoin de chercher qui était le meurtrier.

—Grégoriska, dit-elle, je sais bien que Kostaki et toi ne vous aimiez point. Je sais bien que tu es Waivady par ton père, et lui, Koproly par le sien ; mais, par votre mère, vous étiez tous deux des Brankovan. Je sais que toi tu es un homme des villes d'Occident, et lui un enfant des montagnes orientales; mais enfin, par le ventre qui vous a portés tous deux, vous êtes frères. Eh bien ! Grégoriska, je veux savoir si nous allons porter mon fils auprès de son père sans que le serment ait été prononcé, si je puis pleurer tranquille, enfin, comme une femme, me reposant sur vous, c'est-à-dire sur un homme de la punition.

— Nommez-moi le meurtrier de mon frère. Madame, et ordonnez, je vous jure qu'avant une heure, si vous l'exigez, il aura cessé de vivre.

— Jurez toujours, Grégoriska, jurez, sous peine de ma malédiction, entendez-vous, mon fils ? — Jurez que le meurtrier mourra, — que vous ne laisserez pas pierre sur pierre de sa maison ; — que sa mère, ses enfants, ses frères, sa femme ou sa fiancée périront de votre main. Jurez, et en jurant, appelez sur vous la colère du ciel si vous manquez à ce serment sacré. — Si vous manquez à ce serment sacré, soumettez-vous à la misère, à l'exécration de vos amis, à la malédiction de votre mère.

Grégoriska étendit la main sur le cadavre.

— Je jure que le meurtrier mourra, dit-il.

A ce serment étrange et dont moi et le mort, peut-être, pouvions seuls comprendre le véritable sens, je vis ou je crus voir s'accomplir un effroyable prodige. Les yeux du cadavre se rouvrirent et s'attachèrent sur moi plus vivants que je ne les avais jamais vus, et je sentis, comme si ce double rayon eût été palpable, pénétrer un fer brûlant jusqu'à mon cœur.

C'était plus que je n'en pouvais supporter ; je m'évanouis.

VII

Le monastère de Hango.

Quand je me réveillai, j'étais dans ma chambre, couchée sur mon lit; une des deux femmes veillait près de moi.

Je demandai où était Smérande; on me répondit qu'elle veillait près du corps de son fils.

Je demandai où était Grégoriska; on me répondit qu'il était au monastère de Hango.

Il n'était plus question de fuite. Kostaki n'était-il pas mort? Il n'était plus question de mariage. Pouvais-je épouser le fratricide?

Trois jours et trois nuits s'écoulèrent ainsi au milieu de rêves étranges. Dans ma veille ou dans mon sommeil, je voyais toujours ces deux yeux vivants au milieu de ce visage mort : c'était une vision horrible.

C'était le troisième jour que devait avoir lieu l'enterrement de Kostaki.

Le matin de ce jour on m'apporta de

la part de Smérande un costume complet de veuve. Je m'habillai et je descendis.

La maison semblait vide ; tout le monde était à la chapelle.

Je m'acheminai vers le lieu de la réunion. Au moment où j'en franchis le seuil, Smérande, que je n'avais pas vue depuis trois jours, franchit le seuil et vint à moi.

Elle semblait une statue de la Douleur. D'un mouvement lent comme celui d'une statue, elle posa ses lèvres glacées sur mon front, et, d'une voix qui semblait déjà sortir de la tombe, elle prononça ces paroles habituelles :

— Kostaki vous aime.

Vous ne pouvez vous faire une idée de l'effet que produisirent sur moi ces paroles. Cette protestation d'amour faite au présent, au lieu d'être faite au passé; ce *vous aime,* au lieu de *vous aimait;* cet amour d'outre-tombe qui venait me chercher dans la vie, produisit sur moi une impression terrible.

En même temps, un étrange sentiment s'emparait de moi, comme si j'eusse été en effet la femme de celui qui était mort, et non la fiancée de celui qui était vivant. Ce cercueil m'attirait à lui, malgré moi, douloureusement, comme on dit que le serpent attire l'oiseau qu'il fascine. Je cherchai des yeux Grégoriska ;

Je l'aperçus, pâle et debout contre une colonne ; ses yeux étaient au ciel. — Je ne puis dire s'il me vit.

Les moines du couvent de Hango entouraient le corps en chantant des psalmodies du rit grec, quelquefois harmonieuses, plus souvent monotones. Je voulais prier aussi, moi ; mais la prière expirait sur mes lèvres, mon esprit était tellement bouleversé, qu'il me semblait bien plutôt assister à un consistoire de démons qu'à une réunion de prêtres.

Au moment où l'on enleva le corps, je voulus le suivre, mais mes forces s'y refusèrent. Je sentis mes jambes craquer sous moi, et je m'appuyai à la porte.

Alors Smérande vint à moi, et fit un signe à Grégoriska.

Grégoriska obéit, et s'approcha.

Alors Smérande m'adressa la parole en langue moldave.

— Ma mère m'ordonne de vous répéter mot pour mot ce qu'elle va dire, fit Grégoriska.

Alors Smérande parla de nouveau; quand elle eut fini :

— Voici les paroles de ma mère, dit-il:

« Vous pleurez mon fils, Hedwige, vous l'aimiez, n'est-ce pas? Je vous remercie de vos larmes et de votre amour; désormais vous êtes autant ma fille que si Kostaki eût été votre époux, vous avez désormais une patrie, une mère, une famille. Répandons la somme de larmes que l'on doit aux morts, puis ensuite redevenons toutes deux dignes de celui qui n'est plus...... moi sa mère, vous sa femme ! Adieu, rentrez chez vous; moi, je vais suivre mon fils jusqu'à sa dernière demeure ; à mon retour, je m'enfermerai avec ma douleur, et vous ne me verrai que lorsque je l'aurai vaincue ; soyez tranquille, je la tuerai, car je ne veux pas qu'elle me tue. »

Je ne pus répondre à ces paroles de

Smérande traduites par Grégoriska, que par un gémissement.

Je remontai dans ma chambre, le convoi s'éloigna. Je le vis disparaître à l'angle du chemin. Le couvent de Hango n'était qu'à une demi-lieue du château, en droite ligne ; mais les obstacles du sol forçaient la route de dévier, et, en suivant la route, il s'éloignait de près de deux heures.

Nous étions au mois de novembre. Les journées étaient redevenues froides et courtes. A cinq heures du soir, il faisait nuit close.

Vers sept heures, je vis reparaître des torches. C'était le cortège funèbre qui rentrait. Le cadavre reposait dans le tombeau de ses pères. Tout était dit.

Je vous ai dit à quelle obsession étrange je vivais en proie depuis le fatal évènement qui nous avait tous habillés de deuil, et surtout depuis que j'avais vu se rouvrir et se fixer sur moi les yeux que la mort avait fermés. Ce soir là, accablée par les émotions de la journée, j'étais plus triste encore. J'écoutais sonner les différentes heures à l'horloge du château, et je m'attristais au fur et à mesure que le temps envolé me rapprochait de l'instant où Kostaki avait dû mourir.

J'entendis sonner neuf heures moins un quart.

Alors une étrange sensation s'empara de moi. C'était une terreur frissonnante qui courait par tout mon corps, et le glaçait; puis avec cette terreur, quelque chose comme un sommeil invincible qui allourdissait mes sens; ma poitrine s'oppressa, mes yeux se voilèrent. J'étendis les bras, et j'allai à reculons tomber sur mon lit.

Cependant mes sens n'avaient pas tellement disparu que je ne pusse entendre comme un pas qui s'approchait de ma porte; puis il me sembla que ma porte s'ouvrait. Puis je ne vis et n'entendis plus rien.

Seulement je sentis une vive douleur au col.

Après quoi je tombai dans une léthargie complète.

A minuit je me réveillai, ma lampe brûlait encore ; je voulus me lever, mais j'étais si faible, qu'il me fallut m'y reprendre à deux fois. Cependant je vainquis cette faiblesse, et comme éveillée, j'éprouvais au col la même douleur que j'avais éprouvée dans mon sommeil, je me traînai, en m'appuyant contre la muraille, jusqu'à la glace et je regardai.

Quelque chose de pareil à une piqûre d'épingle, marquait l'artère de mon col.

Je pensai que quelqu'insecte m'avait

mordu pendant mon sommeil, et, comme j'étais écrasée de fatigue, je me couchai et je m'endormis.

Le lendemain, je me réveillai comme d'habitude. Comme d'habitude, je voulus me lever aussitôt que mes yeux furent ouverts; mais j'éprouvai une faiblesse que je n'avais éprouvée encore qu'une seule fois dans ma vie, le lendemain d'un jour où j'avais été saignée.

Je m'approchai de ma glace, et je fus frappée de ma pâleur.

La journée se passa triste et sombre; j'éprouvais une chose étrange; où j'étais, j'avais besoin de rester, tout déplacement était une fatigue.

La nuit vint, on m'apporta ma lampe ; mes femmes, je le compris du moins à leurs gestes, m'offraient de rester près de moi. Je les remerciai : elles sortirent.

A la même heure que la veille, j'éprouvai les mêmes symptômes. Je voulus me lever alors, et appeler du secours ; mais je ne pus aller jusqu'à la porte. J'entendis vaguement le timbre de l'horloge sonnant neuf heures moins un quart ; les pas résonnèrent, la porte s'ouvrit ; mais je ne voyais, je n'entendais plus rien ; comme la veille, j'étais allée tomber renversée sur mon lit.

Comme la veille, j'éprouvai une douleur aiguë au même endroit.

Comme la veille, je me réveillai à minuit ; seulement, je me réveillai plus faible et plus pâle que la veille.

Le lendemain encore l'horrible obsession se renouvela.

J'étais décidée à descendre près de Smérande, si faible que je fusse, lorsqu'une de mes femmes entra dans ma chambre, et prononça le nom de Grégoriska.

Grégoriska venait derrière elle.

Je voulus me lever pour le recevoir, mais je retombai sur mon fauteuil.

Il jeta un cri en m'apercevant, et voulut s'élancer vers moi ; mais j'eus la force d'étendre le brs vers lui.

— Que venez-vous faire ici? lui demandai-je.

— Hélas! dit-il, je venais vous dire adieu! je venais vous dire que je quitte ce monde qui m'est insupportable sans votre amour et sans votre présence; je venais vous dire que je me retire au monastère de Hango.

— Ma présence vous est ôtée. Grégoriska, lui répondis-je, mais non mon amour. Hélas! je vous aime toujours, et ma grande douleur, c'est que désormais cet amour soit presque un crime.

— Alors, je puis espérer que vous prierez pour moi, Hedwige.

— Oui; seulement je ne prierai pas

longtemps, ajoutai-je avec un sourire.

— Qu'avez-vous donc, en effet, et pourquoi êtes-vous si pâle ?

— J'ai... que Dieu prend pitié de moi, sans doute, et qu'il m'appelle à lui !

Grégoriska s'approcha de moi, me prit une main, que je n'eus pas la force de lui retirer, et, me regardant fixément :

— Cette pâleur n'est point naturelle, Hedwige ; d'où vient-elle ? dites.

— Si je vous le disais, Grégoriska, vous croiriez que je suis folle.

— Non, non, dites, Hedwige, je vous en supplie, nous sommes ici dans un pays qui ne ressemble à aucun autre pays, dans une famille qui ne ressemble à aucune autre famille. Dites, dites tout, je vous en supplie.

— Je lui racontai tout : cette étrange hallucination, qui me prenait à cette heure où Kostaki avait dû mourir ; cette terreur, cet engourdissement, ce froid de glace, cette prostration qui me couchait sur mon lit, ce bruit de pas que je croyais entendre, cette porte que je croyais voir s'ouvrir, enfin cette douleur aiguë suivie d'une pâleur et d'une faiblesse sans cesse croissantes.

J'avais cru que mon récit paraîtrait à Grégoriska un commencement de folie, et je l'achevais avec une certaine timidité, quand au contraire je vis qu'il prêtait à ce récit une attention profonde.

Après que j'eus cessé de parler, il réfléchit un instant.

— Ainsi, demanda-t-il, vous vous endormez chaque soir à neuf heures moins un quart?

— Oui, quelques efforts que je fasse pour résister au sommeil.

— Ainsi vous croyez voir s'ouvrir votre porte?

— Oui, quoique je la ferme au verrou.

— Ainsi vous ressentez une douleur aiguë au col?

— Oui, quoique à peine mon col conserve la trace d'une blessure.

— Voulez-vous permettre que je voie? dit-il.

— Je renversai ma tête sur mon épaule.

Il examina cette cicatrice.

— Hedwige, dit-il, après un instant, avez-vous confiance en moi?

— Vous le demandez? répondis-je.

— Croyez-vous en ma parole?

— Comme je crois aux saints Evangiles.

— Eh bien! Hedwige, sur ma parole, je vous jure que vous n'avez pas huit jours à vivre, si vous ne consentez pas à faire, aujourd'hui même, ce que je vais vous dire :

— Et si j'y consens?

— Si vous y consentez, vous serez sauvée peut-être.

— Peut-être?

Il se tut.

—Quoiqu'il doive arriver, Grégoriska,

repris-je, je ferai ce que vous m'ordonnerez de faire.

— Eh bien! écoutez, dit-il, et surtout ne vous effrayez pas. Dans votre pays, comme en Hongrie, comme dans notre Roumanie, il existe une tradition.

Je frissonnai, car cette tradition m'était revenue à la mémoire.

— Ah! dit-il, vous savez ce que je veux dire?

— Oui, répondis-je, j'ai vu en Pologne des personnes soumises à cette horrible fatalité.

— Vous voulez parler des vampires, n'est-ce pas ?

— Oui, dans mon enfance j'ai vu déterrer dans le cimetière d'un village appartenant à mon père, quarante personnes — mortes en quinze jours, — sans que l'on pût deviner la cause de leur mort. Dix-sept ont donné tous les signes du vampirisme, c'est-à-dire qu'on les a retrouvés frais, vermeils, — et pareils à des vivants, — les autres étaient leurs victimes.

— Et que fit-on pour en délivrer le pays ?

— On leur enfonça un pieu dans le cœur et on les brûla ensuite.

— Oui, c'est ainsi que l'on agit d'ordinaire; mais pour nous cela ne suffit pas. Pour vous délivrer du fantôme, je veux d'abord le connaître, et, de par le ciel, je le connaîtrai. Oui, et s'il le faut, je lutterai corps à corps avec lui, quel qu'il soit.

— Oh! Grégoriska, m'écriai-je, effrayée.

— J'ai dit : quel qu'il soit, et je le répète. — Mais il faut, pour mener à bien cette terrible aventure, que vous consentiez à tout ce que je vais exiger de vous.

— Dites.

— Tenez-vous prête à sept heures, — Descendez à la chapelle, descendez-y seule; — il faut vaincre votre faiblesse, Hedwige, — il le faut. — Là nous recevrons la bénédiction nuptiale. Consentez-y, ma bien-aimée; il faut, pour vous défendre, que, devant Dieu et devant les hommes, j'aie le droit de veiller sur vous. Nous remonterons ici, et alors nous verrons.

— Oh! Grégoriska, m'écriai-je, si c'est lui, il vous tuera.

— Ne craignez rien, ma bien-aimée Hedwige. Seulement consentez.

— Vous savez bien que je ferai tout ce que vous voudrez, Grégoriska.

— A ce soir, alors.

— Oui, faites de votre côté ce que vous voulez faire, et je vous seconderai de mon mieux, allez.

Il sortit. Un quart-d'heure après, je vis un cavalier bondissant sur la route du monastère, c'était lui !

A peine l'eus-je perdu de vue, que je tombai à genoux et que je priai, comme on ne prie plus dans vos pays sans croyance, et j'attendis sept heures, offrant à Dieu et aux saints l'holocauste de mes pensées ; je ne me relevai qu'au moment où sonnèrent sept heures.

J'étais faible comme une mourante, pâle comme une morte. Je jetai sur ma tête un grand voile noir, je descendis l'escalier, me soutenant aux murailles, et me rendis à la chapelle sans avoir rencontré personne.

Grégoriska m'attendait avec le père Bazile, supérieur du couvent de Hango. Il portait au côté une épée sainte, relique d'un vieux croisé qui avait pris Constantinople avec Ville-Hardouin et Beaudoin de Flandre.

— Hedwige, dit-il en frappant de la main sur son épée, avec l'aide de Dieu, voici qui rompra le charme qui menace votre vie. Approchez donc résolument, voici un saint homme qui, après avoir reçu ma confession, va recevoir nos serments.

La cérémonie commença ; jamais peut-être il n'y en eut de plus simple et de plus solennelle à la fois. Nul n'assistait le pope ; lui-même nous plaça sur la tête les couronnes nuptiales. Vêtus de deuil tous deux, nous fîmes le tour de l'autel un cierge à la main ; puis le religieux, ayant prononcé les paroles saintes, ajouta :

— Allez maintenant, mes enfants, et que Dieu vous donne la force et le courage de lutter contre l'ennemi du genre humain. Vous êtes armés de votre innocence et de sa justice; vous vaincrez le démon. Allez et soyez bénis.

Nous baisâmes les livres saints et nous sortîmes de la chapelle.

Alors, pour la première fois, je m'appuyai sur le bras de Grégoriska, et il me sembla qu'au toucher de ce bras vaillant, qu'au contact de ce noble cœur, la vie rentrait dans mes veines. Je me croyais certaine de triompher, puisque Grégoriska était avec moi ; nous remontâmes dans ma chambre.

Huit heures et demie sonnaient.

— Hedwige, me dit alors Grégoriska, nous n'avons pas de temps à perdre. Veux-tu t'endormir comme d'habitude et que tout se passe pendant ton sommeil ? Veux-tu rester éveillée et tout voir ?

— Près de toi je ne crains rien, je veux rester éveillée, je veux tout voir.

Grégoriska tira de sa poitrine un buis béni, tout humide encore d'eau sainte, et me le donna.

— Prends donc ce rameau, dit-il, couche-toi sur ton lit, récite les prières à la Vierge et attends sans crainte. Dieu est avec nous. Surtout ne laisse pas tomber ton rameau ; avec lui tu commanderas à l'enfer même. Ne m'appelle pas, ne crie pas ; prie, espère et attends.

Je me couchai sur le lit. Je croisai mes mains sur ma poitrine, sur laquelle j'appuyai le rameau béni.

Quant à Grégoriska, il se cacha derrière le dais dont j'ai parlé, et qui coupait l'angle de ma chambre.

Je comptais les minutes, et sans doute Grégoriska les comptait aussi de son côté.

Les trois quarts sonnèrent.

Le retentissement du marteau vibrait encore, que je ressentis ce même engourdissement, cette même terreur, ce même froid glacial; mais j'approchai le rameau béni de mes lèvres, et cette première sensation se dissipa.

Alors j'entendis bien distinctement le bruit de ce pas lent et mesuré qui retentissait dans l'escalier et qui s'approchait de ma porte.

Puis ma porte s'ouvrit lentement, sans bruit, comme poussée par une force surnaturelle, et alors...

La voix s'arrêta comme étouffée dans la gorge de la narratrice.

—Et alors, continua-t-elle avec un effort, j'aperçus Kostaki, pâle comme je l'avais vu sur la litière; ses longs cheveux noirs, épars sur ses épaules, dégouttaient de sang; il portait son costume habituel ; seulement il était ouvert sur sa poitrine, et laissait voir sa blessure saignante.

Tout était mort, tout était cadavre.... chair, habits, démarche... les yeux seuls, ces yeux terribles étaient vivants.

A cette vue, chose étrange ! au lieu de sentir redoubler mon épouvante, je sentis croître mon courage. Dieu me l'envoyait, sans doute, pour que je pusse juger ma position et me défendre contre l'enfer. Au premier pas que le fantôme fit vers mon lit, je croisai hardiment mon regard avec ce regard de plomb et lui présentai le rameau béni.

Le spectre essaya d'avancer; mais un pouvoir plus fort que le sien le maintint à sa place. Il s'arrêta :

— Oh! murmura-t-il; elle ne dort pas, elle sait tout.

Il parlait en moldave, et cependant j'entendais comme si ces paroles eussent été prononcées dans une langue que j'eusse comprise.

Nous étions ainsi en face, le fantôme et moi, sans que mes yeux pussent se détacher des siens, lorsque je vis, sans avoir besoin de tourner la tête de son côté, Grégoriska sortir de derrière la stalle de bois, semblable à l'ange exterminateur et tenant son épée à la main. Il fit le signe de la croix de la main gauche et s'avança lentement l'épée tendue vers le fantôme ; celui-ci, à l'aspect de son frère, avait à son tour tiré son sabre avec un éclat de rire terrible ; mais à peine le sabre eut-il touché le fer béni, que le bras du fantôme retomba inerte près de son corps.

Kostaki poussa un soupir plein de lutte et de désespoir.

— Que veux-tu ? dit-il à son frère.

— Au nom du Dieu vivant, dit Grégoriska, je t'adjure de répondre.

— Parle, dit le fantôme, en grinçant des dents.

— Est-ce moi qui t'ai attendu ?

— Non.

— Est-ce moi qui t'ai attaqué?

— Non.

— Est-ce moi qui t'ai frappé?

— Non.

— Tu t'es jeté sur mon épée, et voilà tout. Donc, aux yeux de Dieu et des hommes, je ne suis pas coupable du crime de fratricide; donc, tu n'as pas reçu une mission divine, mais infernale; donc, tu es sorti de la tombe, non comme une ombre sainte, mais comme un spectre maudit, et tu vas rentrer dans ta tombe.

— Avec elle, oui, s'écria Kostaki, en

faisant un effort suprême pour s'emparer de moi.

— Seul, s'écria à son tour Grégoriska ; cette femme m'appartient.

Et en prononçant ces paroles, du bout du fer béni, il toucha la plaie vive.

Kostaki poussa un cri comme si un glaive de flamme l'eût touché, et portant la main gauche à sa poitrine, il fit un pas en arrière.

En même temps, et d'un mouvement qui semblait être emboîté avec le sien, Grégoriska fit un pas en avant ; alors les yeux sur les yeux du mort, l'épée sur la poitrine de son frère, commença une marche lente, terrible, solennelle ; quelque chose de pareil au passage de don Juan et du commandeur ; le spectre reculant sous le glaive sacré, sous la volonté irrésistible du champion de Dieu ; celui-ci le suivant pas à pas sans prononcer une parole, tous deux haletants ; tous deux livides, le vivant poussant le mort devant lui, et le forçant d'abandonner ce château qui était sa demeure dans le passé, pour la tombe qui était sa demeure dans l'avenir.

Oh ! c'était horrible à voir, je vous jure.

Et pourtant, mue moi-même par une

force supérieure, invisible, inconnue, sans me rendre compte de ce que je faisais, je me levai et je les suivis. Nous descendîmes l'escalier, éclairés seulement par les prunelles ardentes de Kostaki. Nous traversâmes ainsi la galerie, ainsi la cour. Nous franchîmes ainsi la porte de ce même pas mesuré : le spectre à reculons, Grégoriska le bras tendu, moi les suivant.

Cette course fantastique dura une heure : il fallait reconduire le mort à sa tombe ; seulement, au lieu de suivre le chemin habituel, Kostaki et Grégoriska avaient coupé le terrain en droite ligne, s'inquiétant peu des obstacles qui avaient cessé d'exister : sous leurs pieds, le sol s'aplanissait, les torrents se desséchaient, les arbres se reculaient, les rocs s'écartaient; le même miracle s'opérait pour moi, qui s'opérait pour eux; seulement tout le ciel me semblait couvert d'un crêpe noir, la lune et les étoiles avaient disparu et je ne voyais toujours dans la nuit briller que les yeux de flamme du vampire.

Nous arrivâmes ainsi à Hango, ainsi nous passâmes à travers la haie d'arbousiers qui servait de clôture au cimetière. A peine entrée, je distinguai dans l'ombre la tombe de Kostaki placée à côté de celle de son père; j'ignorais qu'elle fût là, et cependant je la reconnus.

Cette nuit là, je savais tout.

Au bord de la fosse ouverte, Grégoriska s'arrêta.

— Kostaki, dit-il, tout n'est pas encore fini pour toi, — et une voix du ciel me dit que tu seras pardonné si tu te repens : promets-tu de rentrer dans ta tombe, — promets-tu de n'en plus sortir, — promets-tu de vouer enfin à Dieu le culte que tu as voué à l'enfer?

— Non! répondit Kostaki.

—Te repens-tu? demanda Grégoriska.

— Non!

— Pour la dernière fois, Kostaki?

— Non!

— Eh bien! appelle à ton secours Satan, comme j'appelle Dieu au mien, et voyons cette fois encore à qui restera la victoire.

Deux cris retentirent en même temps; les fers se croisèrent tout jaillissants d'étincelles, et le combat dura une minute qui me parut un siècle.

Kostaki tomba; je vis se lever l'épée terrible, je la vis s'enfoncer dans son corps et clouer ce corps à la terre fraîchement remuée.

Un cri suprême, et qui n'avait rien d'humain, passa dans l'air.

J'accourus.

Grégoriska était resté debout, mais chancelant.

J'accourus et je le soutins dans mes bras.

— Êtes vous blessé? lui demandai-je avec anxiété.

—Non, me dit-il; mais, dans un duel pareil, chère Hedwige, ce n'est pas la blessure qui tue, c'est la lutte. J'ai lutté avec la mort, j'appartiens à la mort.

— Ami, ami, m'écriai-je, éloigne-toi, éloigne-toi d'ici, et la vie reviendra peut-être.

—Non, dit-il, voilà ma tombe, Hedwige; mais ne perdons pas de temps; prends un peu de cette terre imprégnée de son sang et applique-la sur la morsure qu'il t'a faite; c'est le seul moyen de te préserver dans l'avenir de son horrible amour.

J'obéis en frissonnant. Je me baissai pour ramasser cette terre sanglante, et, en me baissant, je vis le cadavre cloué au sol, l'épée bénie lui traversait le cœur, et un sang noir et abondant sortait de sa blessure, comme s'il venait seulement de mourir à l'instant même.

Je pétris un peu de terre avec le sang, et j'appliquai l'horrible talisman sur ma blessure.

— Maintenant, mon Hedwige adorée, dit Grégoriska d'une voix affaiblie, écoute bien mes dernières instructions : quitte le pays aussitôt que tu pourras.

La distance seule est une sécurité pour toi. Le père Bazile a reçu aujourd'hui mes volontés suprêmes, et il les accomplira. Hedwige! Un baiser! le dernier, le seul, Hedwige! je meurs.

Et, en disant ses mots, Grégoriska tomba près de son frère.

Dans toute autre circonstance, au milieu de ce cimetière, près de cette tombe ouverte, avec ces deux cadavres couchés à côté l'un de l'autre, je fusse devenue folle; mais, je l'ai déjà dit, Dieu avait mis en moi une force égale aux évènements dont il me faisait non-seulement le témoin, mais l'acteur.

Au moment où je regardais autour de moi, cherchant quelques secours, je vis s'ouvrir la porte du cloître, et les moines, conduits par le père Bazile, s'avancèrent deux à deux, portant des torches allumées et chantant les prières des morts.

Le père Bazile venait d'arriver au couvent; il avait prévu ce qui s'était passé, et, à la tête de toute la communauté, il se rendait au cimetière.

Il me trouva vivante près des deux morts.

Kostaki avait le visage bouleversé par une dernière convulsion.

Grégoriska, au contraire, était calme et presque souriant.

Comme l'avait recommandé Grégoriska, on l'enterra près de son frère, — le chrétien gardant le damné.

Smérande, en apprenant ce nouveau malheur et la part que j'y avais prise, voulut me voir; elle vint me trouver au couvent de Hango et apprit de ma bouche tout ce qui s'était passé dans cette terrible nuit.

Je lui racontai dans tous ses détails la fantastique histoire, mais elle m'écouta comme m'avait écoutée Grégoriska, sans étonnement, sans frayeur.

— Hedwige, répondit-elle après un moment de silence, si étrange que soit ce que vous venez de raconter, vous n'avez dit cependant que la vérité pure. — La race des Brankovan est maudite, — jusqu'à la troisième et quatrième génération, et cela parce qu'un Brankovan a tué un prêtre. Mais le terme de la malédiction est arrivé ; — car quoiqu'épouse, vous êtes vierge, et en moi la race s'éteint.

— Si mon fils vous a legué un million, prenez-le. Après moi, à part les legs pieux que je compte faire, vous aurez le reste de ma fortune. Maintenant, suivez au plus vite le conseil de votre époux.

Retournez au plus vite dans les pays où Dieu ne permet point que s'accomplissent ces terribles prodiges. Je n'ai besoin de personne pour pleurer mes fils avec moi. Adieu, ne vous enquérez plus de moi. Mon sort à venir n'appartient plus qu'à moi et à Dieu.

Et m'ayant embrassée sur le front comme d'habitude, elle me quitta et vint s'enfermer au château de Brankovan.

Huit jours après je partis pour la France. Comme l'avait espéré Grégoriska, mes nuits cessèrent d'être fréquentées par le terrible fantôme. Ma santé même s'est rétablie; et je n'ai gardé de cet évènement que cette pâleur mortelle qui accompagne jusqu'au tombeau toute créature humaine qui a subi le baiser d'un vampire.

La dame se tut, minuit sonna, et j'oserai presque dire que le plus brave de nous tressaillit au timbre de la pendule.

Il était temps de se retirer; nous prîmes congé de M. Ledru. Un an après, cet excellent homme mourut.

C'est la première fois que, depuis cette mort, j'ai l'occasion de payer un tribut au bon citoyen, au savant modeste, à l'honnête homme surtout. — Je m'empresse de le faire.

Je ne suis jamais retourné à Fontenay-aux-Roses.

Mais le souvenir de cette journée laissa une si profonde impression dans ma vie, mais toutes ces histoires étranges, qui s'étaient accumulées dans une seule soirée, creusèrent un si profond sillon dans ma mémoire, qu'espérant éveiller chez les autres un intérêt que j'avais éprouvé moi-même, je recueillis dans les différents pays que j'ai parcourus depuis dix-huit ans, c'est-à-dire en Suisse, en Allemagne, en Italie, en Espagne, en Sicile, en Grèce et en Angleterre, toutes les traditions du même genre que les récits des différents peuples firent revivre à mon oreille, et que j'en composai cette collection que je livre aujourd'hui à mes lecteurs habituels, sous le titre : LES MILLE ET UN FANTÔMES.

FIN.

TABLE.

Chap. I. Les tombeaux de Saint-Denis   1
     II. L'Artifaille 51
    III. Le Bracelet de cheveux 129
     IV. Les monts Krapacks 157
      V. Le Château de Brankovan 191
     VI. Les deux frères 217
    VII. Le monastère de Hango 257

Sceaux. — Imprimerie de E. Dépée.

EN VENTE.

LE COLLIER DE LA REINE,
6 volumes in-8.

LA RÉGENCE,
2 volumes in-8.
Cet Ouvrage n'a pas paru dans les Journaux.

LE VÉLOCE,
2 volumes in-8.
Cet Ouvrage n'a pas paru dans les Journaux.

LOUIS QUINZE,
4 volumes in-8.
Cet Ouvrage ne paraîtra pas dans les Journaux.

LA COMTESSE DE SALISBURY,
6 volumes in-8.

IMPRIMERIE DE E. DÉPÉE, A SCEAUX (SEINE.)

www.ingramcontent.com/pod-product-compliance
Lightning Source LLC
Chambersburg PA
CBHW060654170426
43199CB00012B/1795